Dr. Jaerock Lee

LE DIEU QUI GUÉRIT

URIM BOOKS

*Si tu écoutes attentivement
la voix de l'Éternel, ton Dieu,
si tu fais ce qui est droit à ses yeux,
si tu prêtes l'oreille à ses
commandements,
et si tu observes toutes ses lois,
je ne te frapperai d'aucune des
maladies dont j'ai frappé les
Égyptiens;
car je suis l'Éternel, qui te guérit.
(Exode 15 : 26)*

LE DIEU QUI GUERIT

ISBN : 978-89-7557-100-8
ISBN : 978-89-7557-099-5(set)
Copyright © 1992 par Dr. Jaerock Lee
Copyright de traduction © 2005 par Dr. Kooyoung Chung
Tous droits réservés. Ce livre dans sa totalité ou en partie ne peut être reproduit sous aucune forme sans l'accord écrit de l'éditeur.

Urim Books
851 Guro-dong, Guro-gu
Séoul, République de Corée
www.urimbooks.com

Édité par Dr. Geumsun Vin, Directrice du Bureau d'édition
Traduit en français par le Révérend Guy Davidts
Publié à Séoul, Corée par Seongkeon Vin
Fabriqué en République de Corée
Première édition Avril 2007

Note sur le texte
Toutes les citations de la Bible proviennent de la Bible de Genève, traduction Louis Segond, sauf si spécifié autrement.

Un Message sur la Publication

Tandis que la civilisation matérialiste et la prospérité continuent à avancer et à progresser, nous voyons que les gens aujourd'hui ont plus de temps libre. De plus, afin d'arriver à des vies en meilleure santé et plus confortables, les gens investissent du temps et de l'argent et font très attention à une série d'informations utiles.

Cependant, la vie de l'homme, le vieillissement, la maladie et la mort sont sous le contrôle de Dieu, et ne peuvent être contrôlées par la puissance de l'argent ou la connaissance. De plus, c'est un fait indéniable que malgré la sophistication de la science médicale, produite par la connaissance accumulée au cours des siècles, le nombre de patients qui souffrent de maladies incurables ou en phase terminale ne cesse d'augmenter.

Au travers de l'histoire du monde, il y a eu des peuples innombrables qui avaient une foi et des connaissances diverses – y compris Bouddha et Confucius – mais tous furent silencieux lorsqu'ils étaient confrontés avec cette question et aucun d'eux n'a pu empêcher le vieillissement, la maladie et la mort. Cette question est liée au péché et au problème du salut humain, qu'aucun homme ne peut solutionner.

Aujourd'hui, il y a beaucoup d'hôpitaux et de pharmacies, qui sont facilement accessibles et apparemment prêts à rendre notre société exempte de maladies et en bonne santé. Cependant, nos corps et le monde sont infestés d'une variété de maladies allant d'un rhume ordinaire à des maladies d'origine non identifiée et de stress pour lesquels il n'y a pas de traitement. Les gens accusent facilement le climat et l'environnement ou sont prêts à les considérer comme des phénomènes naturels et physiologiques, et ils se basent sur des médicaments et la technologie médicale.

De manière à recevoir une guérison fondamentale et de mener une vie en bonne santé, chacun de nous doit comprendre où une maladie peut trouver son origine et comment nous pouvons recevoir la guérison. Il y a toujours deux faces à l'évangile et à la vérité : pour les gens qui ne les acceptent pas sont réservés des malédictions ou une punition, tandis que pour les gens qui les acceptent, sont réservés la bénédiction et la vie. C'est la volonté de Dieu que la vérité soit cachée pour ceux qui, comme les pharisiens et les docteurs de la loi, se considèrent comme étant sages et intelligents ; c'est aussi la volonté de Dieu que la vérité soit révélée à ceux qui sont comme des enfants, la désirent et ouvrent leur cœur (Luc 10 :21).

Dieu a pleinement promis la bénédiction à ceux qui obéissent et vivent selon Ses commandements, tandis qu'Il a aussi relaté en détail les malédictions et toutes les sortes de maladies qui vont affliger ceux qui désobéissent à Ses commandements (Deutéronome 28 :1-68).

En rappelant la Parole de Dieu aux incroyants et même

à certains croyants qui la négligent, cet ouvrage essaie de placer de telles personnes sur le droit chemin de la liberté des maladies et infirmités.

Pour autant que vous entendez, lisez et faites de la Parole de Dieu votre nourriture, et par la puissance du Dieu du salut et de la guérison, que chacun de vous reçoive la guérison des maladies et des infirmités petites ou grandes, et que la bonne santé puisse être votre partage et celui de votre famille, au nom du Seigneur, je prie !

L'Auteur
Dr. Jaerock Lee

Il est né à Muan, dans la province de Jeonnam, en République de Corée, en 1943. Dans la vingtaine, le Dr. Lee a souffert d'une variété de maladies incurables pendant sept ans et il attendait la mort sans espoir de restauration. Un jour du printemps de 1974, il fut cependant conduit à l'église par sa sœur et lorsqu'il s'est agenouillé pour prier, le Dieu Vivant l'a instantanément guéri de toutes ses maladies.

Dès l'instant où le Dr. Lee a rencontré le Dieu Vivant au travers de cette merveilleuse expérience, il a aimé Dieu de tout son cœur et en toute sincérité, et en 1978 il fut appelé en tant que Serviteur de Dieu. Il pria avec ferveur afin qu'il puisse clairement comprendre la volonté de Dieu et l'accomplir entièrement, et il a obéi à toute la Parole de Dieu. En 1982, il a fondé l'église Centrale de Sanctification Manmin à Séoul en Corée, et d'innombrables œuvres de Dieu, y compris des guérisons miraculeuses et des miracles ont eu lieu dans son église.

En 1986, le Dr. Lee fut ordonné en tant que pasteur à l'assemblée annuelle de l'église Sungkyul de Jésus en Corée, et quatre ans plus tard, en 1990, ses sermons commencent à être retransmis par la Société de Radiodiffusion d'extrême orient, la Station de Retransmission d'Asie, et le Système de Radio Chrétienne de Washington vers l'Australie, la Russie, les Philippines et beaucoup d'autres.

Trois ans plus tard, en 1993, l'église Centrale de Sanctification Manmin fut sélectionnée comme l'une des « 50 premières Eglises au Monde » par le magazine *Monde Chrétien* (USA), et il reçut un Doctorat Honoraire en Divinité du Collège Chrétien de la Foi, Floride USA, et en 1996, un Ph. D. dans le Ministère par le Séminaire Théologique Kingsway, à Iowa, aux USA.

Depuis 1993, le Dr. Lee a pris la tête dans la mission mondiale au travers de nombreuses croisades outremer aux USA, en Tanzanie, Argentine, Ouganda, Japon, Pakistan, Kenya, Philippines, Honduras, Indes, Russie, Allemagne et Pérou, et en 2002, il fut appelé « pasteur mondial » par les principaux journaux Chrétiens en Corée, pour son œuvre dans différentes grandes Croisades Unies.

Depuis Avril 2007, l'église Centrale de Sanctification Manmin est une assemblée de plus de 100.000 membres et 5.500 églises branches au pays et outremer partout dans le monde, et il a envoyé plus de 109 missionnaires vers 22 pays, comprenant les Etats-Unis, la Russie, l'Allemagne, le Canada, le Japon, la Chine, la France, l'Inde, le Kenya et de nombreux autres.

A ce jour, le Dr. Lee a écrit 42 livres, parmi lesquels les best-sellers *Goûter la Vie Eternelle avant la Mort, le Message de la Croix, la Mesure de la Foi, le Ciel I* et *II* et *Enfer*, et ses œuvres ont été traduites en plus de 19 langues.

Le Dr. Lee est en ce moment président et fondateur d'un nombre d'organisations missionnaires, parmi lesquelles l'Eglise Unifiée de Sanctification de Corée, Président ; le Quotidien d'Evangélisation de la Nation, Président ; la Mission Lumière et Sel, Manmin TV, Fondateur; Réseau Chrétien Global (GCN), Fondateur et Président ; le Réseau Mondial de Docteurs Chrétiens (WCDN), Fondateur et Président du Conseil d'administration ; le Séminaire Manmin International et la Mission Mondiale Manmin, Fondateur et Président.

Table des Matières

Chapitre 1

L'Origine des Maladies Et Le Rayon de la Guérison·1

Chapitre 2

Voulez-vous Vous Porter Bien ?·15

Chapitre 3

Le Dieu qui Guérit·35

Chapitre 4

Par Ses Meurtrissures Nous Sommes Guéris·49

Chapitre 5

La Puissance pour Guérir les Infirmités·67

Chapitre 6

Les Moyens de Guérir ceux qui sont Possédés de Démons·83

Chapitre 7

La Foi et l'Obéissance de Naaman le Lépreux·103

Chapitre 1

L'Origine des Maladies

Et

Le Rayon de la Guérison

Malachie 4 :2

Mais pour vous qui craignez Mon nom,
se lèvera le soleil de la justice,
et la guérison sera sous ses ailes.
Vous sortirez et vous sauterez
comme les veaux d'une étable.

Une Cause Sous-jacente de Maladie

Pour satisfaire leur désir de mener une vie heureuse et en bonne santé pendant leur temps sur cette terre, les gens consument toutes espèces de nourriture qui ont la propriété d'aider à la santé, ils font attention et recherchent des méthodes secrètes. Malgré les progrès de la civilisation matérialiste et de la médecine, la réalité est cependant que l'on ne peut pas empêcher aux gens de souffrir de maladies incurables ou en phase terminale.

L'homme ne peut-il donc pas être délivré de l'agonie de la maladie pendant son temps sur cette terre ?

Les gens accusent facilement le climat et l'environnement ou perçoivent la maladie comme un phénomène naturel ou physiologique, et ils se basent sur les médicaments et la technologie médicale. Lorsque les sources de toutes les espèces de maladies et d'infirmités sont définies, il devient possible que chacun en soit délivré.

La Bible nous présente la voie fondamentale par laquelle nous pouvons vivre une vie libérée de toute maladie, et même si on est malade, les moyens par lesquels on peut recevoir la guérison.

Dieu dit, « Si tu écoutes attentivement la voix de l'Eternel ton Dieu, si tu fais ce qui est droit à Ses

> *yeux, si tu prêtes l'oreille à Ses commandements et si tu observes toutes Ses lois, Je ne te frapperai d'aucune de ces maladies dont J'ai frappé les Egyptiens ; car Je suis l'Eternel qui te guérit »*
> *(Exode 15 :26).*

Ceci est la Parole fidèle de Dieu, qui nous est donnée personnellement et qui contrôle la vie, la mort, la malédiction et la bénédiction de l'homme.

Qu'est ce que alors la maladie, et pourquoi en sommes nous infectés ? En terme médical, « maladie » se réfère à toutes espèces de dérèglements dans le corps de l'homme – un état anormal et inhabituel de la santé – et il est principalement développé et répandu par des bactéries. En d'autres termes, la maladie est une condition anormale du corps provoquée par un poison causant la maladie ou par une bactérie.

Dans Exode 9 :8-9 il y a la description d'un processus par lequel la plaie des furoncles fut amenée sur l'Egypte :

> *L'Eternel dit à Moïse et à Aaron : « remplissez vos mains de cendre de fournaise, et que Moïse la jette vers le ciel, sous les yeux de Pharaon, elle deviendra une poussière qui couvrira tout le pays d'Egypte, et elle produira dans tout le pays d'Egypte, sur les hommes et sur les animaux, des ulcères formés par une éruption de pustules. »*

Dans Exode 11 :4-7, nous lisons à propos de Dieu qui fait une distinction entre le peuple d'Israël et le peuple d'Egypte. Pour les israélites qui adoraient Dieu, il n'y aurait pas de fléau, tandis que pour les égyptiens qui n'avaient jamais adoré Dieu et n'avaient pas vécu selon Sa volonté, il y a eu un fléau qui a frappé leurs premier-nés.

Au travers de la Bible, nous apprenons que même la maladie est sous la souveraineté de Dieu, qu'Il protège de la maladie ceux qui le vénèrent et que la maladie va infecter ceux qui pèchent parce qu'Il va détourner Sa face de tels individus.

Pourquoi alors, ces maladies existent-elles et pourquoi les gens souffrent de ces maladies ? Cela veut-il dire que Dieu le Créateur a créé la maladie au moment de la création afin que l'homme puisse vivre dans le danger d'être malade ? Dieu le Créateur a créé l'homme et contrôle tout dans l'univers avec justice, bonté et amour.

Dans Genèse 1 :26-28 nous trouvons ce qui suit :

Puis Dieu dit, « Faisons l'homme à Notre image, selon Notre ressemblance et qu'il domine sur les poissons de la mer, sur les oiseaux du ciel, sur le bétail, sur toute la terre et sur tous les reptiles qui rampent sur la terre ». Dieu créa l'homme à Son image, Il le créa à l'image de Dieu, Il créa l'homme et la femme. Dieu les bénit et Dieu leur dit, « Soyez féconds, multipliez, remplissez la terre, et l'assujettissez ; et dominez sur les poissons de la mer, sur les oiseaux du ciel et sur tout animal qui se meut sur la terre. »

Après avoir créé l'environnement le plus propice pour que l'homme puisse vivre (Genèse 1 :3-25), Dieu créa l'homme à Sa propre image, le bénit, et lui permit la plus grande liberté et autorité.

Comme le temps passait, les gens jouissaient des bénédictions de Dieu parce qu'ils obéissaient à Ses commandements, et vivaient dans le Jardin d'Eden dans lequel il n'y avait ni larmes, ni regret, ni souffrance, ni maladie. Comme Dieu voyait que tout ce qu'Il avait fait était très bon (Genèse 1 :31), Il donna un commandement : *« Tu pourras manger de tous les arbres du jardin, mais tu ne mangeras pas de l'arbre de la connaissance du bien et du mal, car le jour où tu en mangeras, tu mourras. »* (Genèse 2 :16-17).

Cependant, lorsque le serpent rusé vit que les gens n'avaient pas gardé le commandement de Dieu dans leurs pensées, mais qu'au contraire, ils l'avaient négligé, le serpent tenta Eve, la femme du premier homme créé. Lorsque Adam et Eve eurent mangé de l'arbre de la connaissance du bien et du mal et eurent péché (Genèse 3 :1-6), comme Dieu l'avait prédit, la mort est entrée dans l'homme (Romains 6 :23).

Après avoir commis le péché de désobéissance, l'homme reçut le salaire du péché et dut faire face à la mort, et l'esprit de l'homme – son maître – mourut aussi et la communion entre l'homme et Dieu cessa d'exister. Ils furent chassés du Jardin d'Eden et ont commencé à vivre dans les larmes, les regrets, la souffrance, la maladie et la mort. Comme tout sur la terre était maudit, elle produisit des ronces et des épines et ils ne purent manger leur nourriture qu'au prix de la sueur de leur front (Genèse 3 :16-24).

La cause sous jacente de la maladie est le péché originel apporté par la désobéissance d'Adam. Si Adam n'avait pas désobéi à Dieu, il n'aurait pas été chassé du Jardin d'Eden, mais il aurait mené une vie dans la bonne santé en toutes circonstances. En d'autres termes, au travers d'un homme, tous les hommes sont devenus pécheurs, et ont commencé à vivre dans les dangers et les souffrances de tous types de maladies. Sans avoir auparavant réglé le problème du péché, personne ne peut être déclaré juste aux yeux de Dieu en observant la loi (Romains 3 :20).

Le Soleil de la Justice avec La Guérison sous ses Ailes

Malachie 4 :2 nous dit que : « *Mais pour vous qui craignez Mon nom, se lèvera le soleil de la justice, et la guérison sera sous Ses ailes. Vous sortirez et vous sauterez comme les veaux d'une étable* ». Ici, le « soleil de la justice », se réfère au Messie.

Voyant l'humanité sur le chemin de la destruction et souffrant de maladies, Dieu eut pitié et il nous racheta de tous nos péchés au travers de Jésus Christ qu'Il avait préparé en Lui permettant d'être cloué sur une croix et de répandre tout Son sang. C'est pourquoi quiconque accepte Jésus Christ, reçoit le pardon pour ses péchés, atteint le salut, et peut maintenant être libéré de la maladie et vivre une vie en bonne santé. A cause de la malédiction de toutes choses, l'homme a du vivre dans le danger de la maladie tant qu'il avait le souffle de vie, mais à cause de l'amour et de la grâce de Dieu, un chemin vers la délivrance de la maladie a maintenant été ouvert.

Lorsque les enfants de Dieu résistent au péché au point de verser le sang (Hébreux 12 :4), et vivent selon Sa Parole, Il les protège de Ses yeux qui sont comme un feu dévorant et les entoure avec le puissant mur du Saint Esprit, afin qu'aucun poison dans l'air ne puisse pénétrer leur corps. Même si l'un d'eux tombe malade, dès qu'il se repent et se détourne de ses mauvaises voies, Dieu va brûler la maladie et guérir les parties affectées. Ceci est la guérison par le « soleil de la justice ».

La médecine moderne a développé la thérapie aux rayons ultraviolets, qui est grandement utilisée aujourd'hui pour prévenir et guérir une variété de maladies. Les rayons ultraviolets sont très efficaces pour la désinfection et provoquent des modifications chimiques dans le corps. Cette thérapie peut détruire approximativement 99% des bacilles du colon, de la diphtérie, et du bacille de la dissentrie, et elle est aussi efficace pour la tuberculose, le rachitisme, l'anémie, le rhumatisme et les maladies de la peau. Mais un traitement qui est tellement utile et efficace comme la thérapie par ultraviolets ne peut cependant pas être utilisé pour toutes les maladies.

Uniquement « le soleil de la justice avec la guérison sous ses ailes » tel qu'il est relaté dans les Ecritures, est le rayon de puissance qui peut guérir toutes les maladies. Les rayons du soleil de la justice peuvent être utilisés pour guérir toutes espèces de maladies et parce qu'ils peuvent être appliqués à tous les hommes, la manière dont Dieu guérit est vraiment simple, mais complète et essentiellement la meilleure.

Peu après la fondation de mon église, un patient sur le point de mourir et souffrant d'une douleur atroce de paralysie et de cancer me fut amené sur un brancard. Il était incapable de parler parce que sa langue était raide et il était incapable de bouger son corps parce que tout son corps était paralysé. Alors que les médecins avaient renoncé, la femme du patient qui avait cru à la puissance de Dieu, a pressé son mari de tout Lui soumettre. Après avoir réalisé que le seul moyen de maintenir sa vie était de se tourner vers Dieu et de plaider devant Lui, le patient a essayé d'adorer malgré le fait qu'il était couché, et sa femme a aussi intercédé dans la foi et l'amour. Comme je voyais la foi des deux, j'ai aussi prié instamment pour cet homme. Peu de temps après, cet homme qui avait auparavant persécuté sa femme parce qu'elle croyait en

Jésus, s'est repenti en donnant son cœur, et Dieu a envoyé le rayon de guérison, a brûlé le corps de l'homme par le feu du Saint Esprit et a purifié son corps. Alléluia ! Comme la cause sous jacente de sa maladie avait été consumée, l'homme a très rapidement été capable de marcher et de courir, et il s'est rétabli. Il est inutile de dire comment les membres de Manmin ont donné gloire à Dieu et se sont réjouis d'avoir expérimenté cette étonnante œuvre de guérison de Dieu.

Pour Vous qui Vénérez Mon Nom

Notre Dieu est un Dieu tout puissant qui a tout créé dans l'univers par Sa Parole, et qui a créé l'homme de la poussière. Depuis que ce genre de Dieu est devenu notre Père, même si nous tombons malades, lorsque nous dépendons entièrement de Lui avec foi, Il verra et reconnaîtra notre foi et Il nous guérira avec joie. Il n'y a aucun mal à être guéri dans un hôpital, mais Dieu se réjouit en voyant Ses enfants qui croient dans Son omniscience et Son omnipotence, et crient honnêtement à Lui, recevoir leur guérison et Lui donner gloire.

Dans 2 Rois 20 :1-11 il y a l'histoire d'Ezéchias, Roi de Juda, qui devint malade lorsque les Assyriens envahirent son royaume mais reçut sa guérison complète trois jours après qu'il eut prié à Dieu, et sa vie fut prolongée de quinze ans.

Au travers du prophète Esaïe, Dieu dit à Ezéchias de, « *Donnes tes ordres à ta maison, car tu vas mourir, et tu ne vivras plus* » (2 Rois 20 :1 ; Esaïe 38 :1). En d'autres termes, une sentence de mort avait été donnée au roi Ezéchias, dans laquelle, il lui est demandé de se préparer pour sa mort et d'arranger les affaires de son royaume et de sa famille. Cependant, Ezéchias a immédiatement tourné son visage vers le mur et a prié au SEIGNEUR (2 Rois 20 :2). Le roi avait réalisé que la maladie était le résultat de sa relation avec Dieu, il mit tout de côté, et résolut de prier à Dieu.

Tandis qu'Ezéchias priait à Dieu avec ferveur et avec des larmes, Il parla et promit au roi, « *J'ai entendu ta prière, J'ai vu tes larmes. Voici, J'ajouterai à tes jours quinze années. Je te délivrerai toi et cette ville de la main du roi d'Assyrie, Je protègerai cette ville* » (Esaïe 38 :5-6). On peut s'imaginer avec quelle persévérance et quelle ferveur Ezéchias a prié à Dieu pour que Dieu lui dise « J'ai entendu ta prière et J'ai vu tes larmes ».

Dieu qui a répondu entièrement à la prière d'Ezéchias a guéri le roi afin qu'il puisse aller dans le temple de Dieu en trois jours. De plus, Dieu a étendu la vie d'Ezéchias de quinze ans et pendant le reste de la vie d'Ezéchias, Il a préservé la ville de Jérusalem de la menace des Assyriens.

Parce qu'Ezéchias savait que la décision de la vie ou de la mort d'un homme étaient sous la souveraineté de Dieu, prier à Dieu revêtait pour lui une importance primordiale. Dieu était réjoui du cœur humble d'Ezéchias ainsi que de sa foi, Il a promis la guérison du roi et quand Ezéchias demandait un signe de sa guérison, Il fit même reculer l'ombre de dix degrés sur les degrés d'Achaz (2 Rois 20 :11). Notre Dieu est un Dieu de guérison et un Père très attentionné qui donne à celui qui Le cherche.

Au contraire, nous trouvons dans 2 Chroniques 16 :12-13 que *« La trente neuvième année de son règne, Asa eut les pieds malades au point d'éprouver de grandes souffrances ; même pendant sa maladie, il ne chercha pas l'Eternel, mais il consulta les médecins »*. Lorsqu'il avait accédé au trône, *« Asa fit ce qui est bien aux yeux de l'Eternel, comme l'avait fait son père David »* (1 Rois 15 :11). Il fut au début un dirigeant sage, mais a graduellement perdu sa foi en Dieu et a commencé à se reposer de plus en plus sur les hommes, ce roi ne pouvait pas recevoir l'aide de Dieu.

Lorsque Baescha, roi d'Israël envahit Juda, Asa s'est appuyé sur Ben Hadad, roi de Syrie, et pas sur Dieu. Cela lui fut reproché par Hanani le voyant, mais il ne se détourna pas de ses voies et au contraire, il fit emprisonner le voyant et opprima son propre peuple (2 Chroniques 16 :7-10).

Avant qu'Asa ne se repose sur le roi de Syrie, Dieu a interféré avec l'armée de Syrie afin qu'elle ne puisse pas envahir Juda. En ce temps là, Asa s'est reposé sur le roi de Syrie plutôt que sur son Dieu, et il ne put plus recevoir aucune aide de Lui. De plus, Il ne put pas être satisfait de Asa qui cherchait l'aide des physiciens plutôt que celle de

Dieu. C'est la raison pour laquelle Asa est mort à peine deux années après avoir été infecté pas cette maladie des pieds. Malgré qu'Asa proclamait sa foi en Dieu, parce qu'il n'a pas démontré les œuvres de cette foi et qu'il n'a pas appelé Dieu, le Dieu tout puissant n'a rien pu faire pour le roi.

Le rayon de guérison de notre Dieu peut guérir tout type de maladie afin que le paralytique puisse se lever et marcher, que l'aveugle puisse voir, le sourd entendre et le mort revenir à la vie. Pour cela, parce que le Dieu qui guérit a une puissance illimitée, la gravité d'une maladie n'a aucune importance. D'une maladie qui est aussi bénigne qu'un rhume jusqu'à celle qui est aussi critique qu'un cancer, pour notre Dieu qui guérit, c'est du pareil au même. Ce qui est le plus important est l'attitude de cœur avec laquelle nous venons à Dieu, celle d'Asa ou celle d'Ezéchias.

Que vous puissiez accepter Jésus Christ, recevoir la réponse à votre problème de péché, être déclaré juste par la foi, plaire à Dieu par un cœur humble et avoir une foi accompagnée d'œuvres comme celle d'Ezéchias, recevoir la guérison pour toutes les maladies et mener toujours une vie dans la bonne santé, au nom de notre Seigneur, je prie !

Chapitre 2

Voulez-vous Vous Porter Bien ?

Jean 5 :5-6

*Là se trouvait un homme malade
depuis trente huit ans.
Jésus l'ayant vu couché,
et sachant qu'il était déjà
malade depuis longtemps,
lui dit : « Veux-tu être guéri ? »*

Voulez-Vous être en bonne santé?

Il y a tellement de cas différents de gens qui n'avaient pas connu Dieu auparavant, l'ont cherché et sont parvenus devant Lui. Certains viennent à Lui tandis qu'ils suivent leur propre bonne conscience, alors que d'autres viennent à Lui après avoir été évangélisés. Certains viennent à Dieu après avoir expérimenté le scepticisme de la vie au travers d'échecs de leurs affaires ou de disputes de famille. D'autres encore viennent à Lui avec un cœur pressant après avoir souffert d'atroces douleurs physiques ou de la peur de la mort.

Comme ce paralytique qui a souffert de douleurs pendant trente huit ans auprès d'une piscine appelée Béthesda l'a fait, vous devez désirer votre guérison au-delà de toute autre chose de manière à entièrement remettre votre maladie à Dieu et recevoir votre guérison.

A Jérusalem, près de la porte des Brebis, il y avait une piscine qui était appelée « Béthesda » en Hébreux. Elle était entourée de cinq portiques couverts, sous lesquels les aveugles, les paralytiques et les boiteux étaient couchés et rassemblés, parce qu'une légende affirmait que de temps à autre, un ange de Dieu venait et remuait l'eau. On croyait aussi que le premier qui entrait dans la piscine, dont le nom signifiait « Maison de Miséricorde » après que l'eau était remuée, était guéri de n'importe quelle maladie.

Après avoir vu cet invalide de trente huit ans couché près de la piscine, et sachant depuis combien d'années l'homme souffrait déjà, Jésus lui demanda « Veux-tu être guéri ? » L'homme répondit, « Seigneur, je n'ai personne pour me jeter dans la piscine quand l'eau est agitée, et pendant que j'y vais, un autre descend avant moi » (Jean 5 :7). Par ceci, l'homme confessait au Seigneur que malgré son ardent désir d'être guéri, il ne pouvait pas y arriver par lui-même. Notre Seigneur vit le cœur de l'homme et lui dit « Lève-toi, prends ton lit et marche ». Et aussitôt cet homme fut guéri : il prit son lit et marcha (Jean 5 :8).

Vous Devez Accepter Jésus Christ

Lorsque l'homme qui avait été invalide pendant trente huit ans a rencontré Jésus Christ, il a reçu instantanément sa guérison. Comme il a cru en Jésus Christ, la source de la vraie vie, tous les péchés de cet homme furent pardonnés et son infirmité fut guérie.

Certains d'entre vous sont-ils dans l'angoisse à cause de votre maladie ? Si vous souffrez de maladie et que vous désirez vous présenter devant Dieu et recevoir votre guérison, vous devez d'abord accepter Jésus Christ, devenir un enfant de Dieu, et recevoir le pardon, de manière à enlever toute barrière entre Dieu et vous. Vous devez ensuite croire que le Dieu omniscient et omnipotent est capable d'accomplir n'importe quel miracle. Vous devez également croire que nous avons été rachetés de toutes nos maladies par les meurtrissures de Jésus, afin que lorsque vous la cherchez par le nom de Jésus Christ vous receviez votre guérison.

Lorsque nous demandons avec ce type de foi, Dieu entendra notre prière de foi et manifestera l'œuvre de la guérison. Peu importe l'ancienneté ou l'état critique de votre maladie, soyez sûrs de remettre tous vos problèmes de maladie à Dieu, vous rappelant que vous pouvez redevenir sains en un instant, lorsque la puissance de Dieu vous guérit.

Lorsque le paralytique décrit dans Marc 2 :3-12 apprit que Jésus était arrivé à Capernaüm, l'homme voulut se présenter devant Lui. Après avoir entendu la nouvelle que Jésus guérissait les gens de diverses maladies, chassait les esprits impurs, et guérissait les lépreux, le paralytique pensa que s'il croyait, il pourrait aussi recevoir sa guérison. Lorsque le paralytique réalisa qu'il était incapable de s'approcher plus de Jésus à cause de la multitude qui s'était assemblée, avec l'aide de ses amis, il perça le toit de la maison dans laquelle se trouvait Jésus, et le lit sur lequel il était couché fut descendu devant Jésus.

Pouvez-vous imaginer combien ardemment le paralytique devait avoir désiré se présenter devant jésus, au point d'avoir fait cela ? Comment Jésus a-t-il réagi, lorsque le paralytique, qui était incapable de se déplacer d'un endroit à un autre, et incapable de se mouvoir au milieu de la foule, a montré sa foi et son engagement avec l'aide de ses amis ? Jésus ne réprimanda pas le paralytique pour son comportement de malade maniaque, mais au contraire, il lui dit « Mon enfant, tes péchés sont pardonnés, » et il lui permit de se lever, et de marcher instantanément.

Dans Proverbes 8 :17, Dieu nous dit, « *J'aime ceux qui M'aiment, et ceux qui Me cherchent Me trouvent.* » Si vous voulez être délivrés de l'angoisse de la maladie, vous devez d'abord ardemment désirer la guérison, croire dans la puissance de Dieu qui peut résoudre le problème de la maladie, et accepter Jésus Christ.

Vous Devez Détruire le Mur du Péché

Peu importe la manière dont vous croyez que vous pouvez être guéris par la puissance de Dieu, Il ne peut pas travailler en vous s'il y a un mur de péché entre Dieu et vous. C'est pourquoi Dieu nous dit dans Esaïe 1 :15-20 « *Quand vous étendez vos mains, Je détourne de vous Mes yeux ; quand vous multipliez les prières, Je n'écoute pas ; vos mains sont pleines de sang. Lavez-vous, purifiez-vous* » et « *si vos péchés sont comme le cramoisi, ils deviendront blancs comme la neige ; s'ils sont rouges comme la pourpre, ils deviendront comme la laine.* » Nous trouvons aussi la chose suivante dans Esaïe 59 :1-3 :

> *Non, la main de l'Eternel n'est pas courte pour*

sauver, ni Son oreille trop dure pour entendre. Mais ce sont vos crimes qui mettent une séparation entre vous et votre Dieu et ce sont vos péchés qui vous cachent Sa face et l'empêchent de vous écouter. Car vos mains sont souillées de sang, et vos doigts de crimes ; vos lèvres profèrent le mensonge, votre langue fait entendre l'iniquité.

Les gens qui ne connaissent pas Dieu et qui n'ont pas accepté Jésus Christ, et ont vécu leur vie à leur propre manière, ne reconnaissent pas qu'ils sont pécheurs. Lorsque les gens acceptent Jésus Christ comme leur Sauveur et reçoivent le Saint Esprit en tant que don, le Saint Esprit va convaincre le monde de culpabilité face au péché, de justice et de jugement, et ils vont reconnaître et confesser qu'ils sont pécheurs (Jean 16 :8-11).

Cependant, parce qu'il y a des instances dans lesquelles les gens ne connaissent pas en détail ce qu'est le péché, d'où l'incapacité où ils se trouvent de chasser le péché et le mal en eux et de recevoir les réponses de Dieu, ils doivent tout d'abord connaître ce qui constitue un péché à Ses yeux. Comme toutes les maladies et les infirmités viennent du péché, ce n'est que lorsque vous regardez à vous-mêmes et détruisez le mur du péché que vous pouvez expérimenter la rapide oeuvre de la guérison.

Plongeons maintenant dans ce que nous disent les Ecritures sur le péché et comment nous pouvons détruire le mur du péché.

1. Vous devez vous repentir de ne pas avoir cru en Dieu et accepter Jésus Christ

La Bible nous dit que notre incrédulité en Dieu et le fait de ne pas accepter Jésus Christ comme Sauveur sont des péchés (Jean 16 :9). Beaucoup d'incroyants disent qu'ils mènent de bonnes vies, mais ces gens ne peuvent pas se connaître eux-mêmes correctement, parce qu'ils ne connaissent pas la Parole de vérité – la lumière de Dieu – et sont incapables de discerner le bien du mal.

Même si quelqu'un est persuadé avoir vécu une bonne vie, lorsque sa vie est confrontée avec la vérité, qui est la Parole du Dieu tout puissant qui a tout créé dans l'univers et contrôle la vie, la mort, la bénédiction et la malédiction, beaucoup d'injustice et de contrevérités seront révélées. C'est pourquoi la Bible nous dit que, « *Il n'y a pas un juste, pas un seul* » (Romains 3 :10), et que « *Personne ne sera justifié devant Lui par les oeuvres de la loi* » (Romains 3 :20).

Lorsque vous acceptez Jésus Christ, et devenez un enfant de Dieu après vous être repentis de ne pas avoir cru en Dieu et de ne pas avoir accepté Jésus Christ, le Dieu tout puissant deviendra votre Père, et vous recevrez donc des réponses à n'importe quelle maladie dont vous souffrez.

2. Vous devez vous repentir de ne pas avoir aimé vos frères

La Bible nous dit que *« Comme Dieu nous a aimés, nous devons aussi nous aimer les uns les autres »* (1 Jean 4 :11). Cela nous rappelle aussi que nous devons aimer même nos ennemis (Matthieu 5 :44). Si nous haïssons nos frères, nous désobéissons à la Parole de Dieu et donc nous péchons.

Comme Jésus a démontré Son amour pour l'humanité qui vit dans le péché et le mal, en étant crucifié sur une croix, ce n'est que juste pour nous d'aimer nos parents, nos enfants et nos frères et sœurs. Ce n'est pas juste aux yeux de Dieu que nous haïssions ou que nous soyons incapables de pardonner à cause de mauvais sentiments et d'incompréhensions insignifiantes entre nous.

Dans Matthieu 18 :23-35, Jésus nous raconte la parabole suivante :

> *C'est pourquoi le royaume des cieux est semblable à un roi qui voulut faire rendre compte à ses serviteurs. Quand il se mit à compter, on lui en amena un qui devait dix mille talents. Comme il n'avait pas de quoi payer, son maître ordonna qu'il fut vendu, lui, sa femme, ses enfants et tout ce qu'il avait, et que la dette fut acquittée. Le serviteur se jetant à terre, se prosterna devant lui et dit : Seigneur, aie patience envers moi, et je te payerai tout. Emu de compassion, le maître de ce serviteur le laissa aller, et lui remit sa dette. Après*

> *qu'il fut sorti, ce serviteur rencontra un de ses compagnons qui lui devait cent deniers. Il le saisit et l'étranglait en disant : Paie ce que tu me dois. Son compagnon se jetant à terre le suppliait disant : Aie patience envers moi, et je te paierai. Mais l'autre ne voulut pas et il alla le jeter en prison, jusqu'à ce qu'il eut payé ce qu'il devait. Ses compagnons ayant vu ce qui était arrivé, furent profondément attristés et ils allèrent raconter à leur maître ce qui s'était passé. Alors, le maître fit appeler ce serviteur et lui dit : Méchant serviteur, je t'avais remis en entier ta dette, parce que tu m'en avais supplié ; ne devais-tu pas aussi avoir pitié de ton compagnon, comme j'ai eu pitié de toi ? Et son maître irrité, le livra aux bourreaux jusqu'à ce qu'il eut payé tout ce qu'il devait. C'est ainsi que Mon Père céleste vous traitera si chacun de vous ne pardonne à son frère de tout son cœur.*

Malgré que nous ayons reçu le pardon et la grâce de notre Père Dieu, pourquoi sommes-nous incapables ou ne voulons-nous pas accepter les fautes et les défauts de nos frères, mais au contraire, sommes-nous enclins à développer la rivalité, à en faire des ennemis, à avoir du ressentiment et à nous provoquer les uns les autres ?

Dieu nous dit que « *Quiconque hait son frère est un meurtrier* » (1 Jean 3 :15), « *C'est ainsi que mon Père céleste vous traitera, si chacun de vous ne pardonne à son frère de tout son cœur »* (Matthieu 18 :35), et il nous recommande de ne pas « *Se plaindre les uns des autres, afin que vous ne soyez pas jugés* » (Jacques 5 :9).

Nous devons réaliser que si nous n'avons pas aimé, mais plutôt haï nos frères, alors, nous aussi nous avons péché et nous ne serons pas remplis du Saint Esprit, mais deviendrons affligés. Pour cela, même si nos frères nous haïssent et nous déçoivent, nous ne devons pas les haïr ni les décevoir en retour, mais au contraire, garder nos cœurs dans la vérité, les comprendre et leur pardonner. Nos cœurs doivent être capables d'offrir des prières d'amour pour de tels frères et sœurs. Lorsque nous comprenons, pardonnons et que nous nous aimons les uns les autres avec l'aide du Saint Esprit, Dieu nous montrera aussi Sa compassion et sa miséricorde, et Il manifestera l'œuvre de guérison.

3. Vous devez vous repentir si vous avez prié avec avidité

Lorsque Jésus a guéri un jeune homme possédé par un esprit, ses disciples lui ont demandé « pourquoi n'avons-nous pu le chasser ? » (Marc 9 :28), Jésus a répondu, « Ce type d'esprit ne sort qu'avec le jeûne et la prière » (Marc 9 :29).

Pour recevoir une guérison d'un certain niveau, des prières et des supplications doivent aussi être offertes.

Cependant, les prières d'intérêt personnel ne seront pas répondues parce que Dieu ne peut se réjouir en elles. Dieu nous a ordonné, *« Soit donc que vous mangiez, que vous buviez, soit que vous fassiez quelque autre chose, faites tout pour la gloire de Dieu »* (1Corinthiens 10 :31). C'est pourquoi, le but de faire des études et d'atteindre la réputation et la puissance doit être uniquement la gloire de Dieu. Nous trouvons dans Jacques 4 :2-3, *« Vous ne possédez pas parce que vous ne demandez pas à Dieu. Vous demandez et vous ne recevez pas parce que vous demandez mal, dans le but de satisfaire vos passions »*.

Demander la guérison de manière à maintenir une vie de bonne santé est pour la gloire de Dieu ; vous aurez une réponse si vous le demandez. Cependant, si vous ne recevez pas de guérison même si vous le demandez, c'est parce que vous demandez probablement quelque chose qui n'est pas conforme à la vérité, même si Dieu veut vous donner souvent de bien plus grandes choses.

Quel genre de prière va réjouir Dieu ? Comme Jésus nous le dit dans Matthieu 6 :33, *« Cherchez premièrement le royaume des cieux et Sa justice, et tout le reste vous sera donné de surcroît, »* au lieu de nous soucier de la nourriture, des vêtements et d'autres choses similaires, vous devez d'abord plaire à Dieu en offrant des prières pour Son royaume et Sa justice, et pour l'évangélisation, ou la sanctification. Alors seulement, Dieu répondra aux désirs de votre cœur et vous donnera une guérison totale de vos maladies.

4. Vous devez vous repentir si vous avez prié dans le doute

Dieu se réjouit dans les prières qui montrent notre foi. Sur ce sujet, nous trouvons dans Hébreux 11 :6, *« Et sans la foi, il est impossible de Lui être agréable, parce que quiconque s'approche de Lui doit croire que Dieu existe et qu'Il est le rémunérateur de ceux qui Le cherchent avec diligence. »* De la même manière, Jacques 1 :6-7 nous rappelle, *« Mais qu'il la demande avec foi, sans douter ; car celui qui doute est semblable au flot de la mer, agité par le vent et poussé d'un côté et de l'autre... Qu'un tel homme ne s'imagine pas qu'il recevra quelque chose du Seigneur. »*

Des prières offertes avec des doutes indiquent l'incrédulité de quelqu'un dans le Dieu tout puissant, le dénigrement de Sa puissance et le fait de Le tourner en un Dieu incompétent. Vous devez vous repentir immédiatement, suivre les précurseurs de la foi, et prier avec instance et persévérance afin de posséder une foi par laquelle vous pourrez croire avec votre cœur.

A de nombreuses reprises dans la Bible, nous voyons que Jésus aimait ceux qui possédaient une grande foi, Il les a choisi comme Ses ouvriers, et a exercé Son Ministère avec eux et au travers d'eux. Lorsque les gens étaient incapables de montrer leur foi, Jésus a même reproché à Ses propres disciples leur peu de foi (Matthieu 8 :23-27), mais il a complimenté et aimé ceux qui avaient une grande foi, même si c'étaient des Gentils (Matthieu 8 :10).

Comment priez-vous, et quel type de foi possédez-vous ?

Un centurion dans Matthieu 8 :5-13 est venu à Jésus et Lui a demandé de guérir un de ses serviteurs qui était couché paralysé à la maison dans de grandes souffrances. Lorsque Jésus a dit au centurion « J'irai et Je le guérirai », le centurion répondit, « Seigneur, je ne suis pas digne que tu entres dans ma maison. Mais dis seulement une parole et mon serviteur sera guéri, » et il montra à Jésus une grande foi. En entendant la remarque du centurion, Jésus fut ravi et il le complimenta « Je n'ai pas trouvé une si grande foi dans tout Israël. » A l'heure même, le serviteur du centurion fut guéri.

Dans Marc 5 :21-43 est rapporté l'exemple d'une étonnante œuvre de guérison. Lorsque Jésus était près de la mer, un des chefs de la synagogue nommé Jaïrus vint vers Lui et tomba à Ses pieds. « Ma petite fille est mourante », Jaïrus plaida avec Jésus, « Viens, impose lui les mains afin qu'elle soit sauvée et qu'elle vive ».

Comme Jésus partait avec Jaïrus, une femme qui avait souffert d'une perte de sang pendant douze ans vint vers Lui. Elle avait beaucoup souffert sous les soins de beaucoup de médecins et elle avait dépensé tout ce qu'elle possédait, cependant, au lieu d'aller mieux, son état empirait.

La femme avait entendu que Jésus était proche et au milieu de la foule qui accompagnait Jésus, elle vint derrière Lui et toucha Sa tunique. Parce que cette femme croyait « si je puis seulement toucher Ses vêtements, je serai guérie », lorsque la femme toucha le vêtement de Jésus, sa perte de sang s'arrêta immédiatement et elle sentit dans son corps qu'elle était délivrée de sa souffrance. Lorsque Jésus se rendit compte qu'une puissance était sortie de Lui, Il demanda « Qui m'a touché ? » Lorsque la femme confessa la vérité, Jésus dit à la femme « Ma fille, ta foi t'a sauvée, va en paix et sois guérie de ton mal ». Il donna à la femme le salut en même temps que la bénédiction de la guérison.

A ce moment là, des gens de la maison de Jaïrus vinrent et dirent « Ta fille est morte ». Jésus rassura Jaïrus et lui dit « L'enfant n'est pas morte, mais elle dort », et il dit à la fille, « Talitha koumi » (ce qui signifie : jeune fille lève-toi, Je te le dis !). La fille se leva instantanément et commença à marcher.

Croyez que lorsque vous demandez avec foi, même une maladie grave peut être guérie et les morts peuvent ressusciter. Si vous aviez prié dans le doute jusqu'à présent, recevez votre guérison et soyez forts en vous repentant de ce péché.

5. Vous devez vous repentir d'avoir désobéi aux commandements de Dieu

Dans Jean 14 :21, Jésus nous dit, *« Celui qui a Mes commandements et qui les garde, c'est celui qui M'aime ; et celui qui M'aime sera aimée de Mon Père, Je l'aimerai et Je Me ferai connaître à lui ».* Dans 1 Jean 3 :21-22, on nous rappelle aussi, *« Bien aimés, si notre cœur ne nous condamne pas, nous avons de l'assurance devant Dieu. Quoi que ce soit que nous demandions, nous le recevons de Lui, parce que nous gardons Ses commandements et que nous faisons ce qui Lui est agréable ».* Un pécheur ne peut pas être confiant devant Dieu. Cependant, si vos cœurs sont honorables et sans défauts lorsqu'ils sont confrontés avec la Parole de vérité, vous pouvez tout demander à Dieu avec assurance.

C'est pourquoi, en tant que croyant en Dieu, vous devez apprendre et comprendre les dix commandements, qui servent en tant que résumé des soixante six livres de la Bible, et qui vous permettent de découvrir quelle partie de votre vie a été en désobéissance avec eux.

I. N'ai-je jamais eu dans mon cœur d'autres dieux que Dieu ?

II. N'ai-je jamais fais de mes possessions des idoles, mes enfants, ma santé, mes affaires ou d'autres choses et les ai-je adoré ?

III. N'ai-je jamais pris en vain le nom du Seigneur ?

IV. Ai-je toujours gardé saint le jour du Seigneur ?

V. Ai-je toujours honoré mes parents ?

VI. N'ai-je jamais commis de meurtres physiques ou spirituels en haïssant mes frères et mes sœurs et en les poussant à pécher ?

VII. N'ai-je jamais commis l'adultère, même dans mon

cœur ?

VIII. N'ai-je jamais volé ?

IX. N'ai-je jamais porté de faux témoignage contre mon prochain ?

X. N'ai-je jamais convoité les possessions de mon prochain ?

De plus, vous devez aussi regarder en arrière et examiner si vous avez gardé les commandements de Dieu, en aimant votre prochain comme vous vous aimez vous-mêmes. Lorsque vous obéissez aux commandements de Dieu et que vous le Lui demandez, le Dieu de puissance guérira chacune de vos maladies.

6. Vous devez vous repentir de ne pas avoir semé en Dieu

Comme Dieu contrôle toutes choses dans l'univers, Il a établi une série de lois pour le monde spirituel et, en tant que juge juste, Il conduit et dirige toutes choses en fonction de cela.

Dans Daniel 6, le roi Darius a été mis dans une position difficile, dans laquelle il ne pouvait pas sauver son serviteur aimé Daniel de la fosse aux lions, malgré qu'il soit le roi. Comme il avait proclamé un édit de sa propre main, Darius ne pouvait pas désobéir à la loi qu'il avait lui-même établie. Si le roi était le premier à avoir contourné la règle et désobéi à la loi, qui pourrait le respecter et le servir ? C'est pourquoi, malgré que son serviteur bien aimé Daniel soit sur le point d'être jeté dans la fosse aux lions, à cause du plan de gens méchants, il n'y avait rien que Darius puisse faire.

De la même manière, parce que Dieu ne brise pas les règles ni ne désobéit à la loi que Lui-même a établie, tout dans l'univers est régi dans un ordre parfait et précis, sous Sa souveraineté. C'est pourquoi, « *On ne se moque pas de Dieu, ce qu'un homme aura semé, il le moissonnera aussi* » (Galates 6 :7).

Tant que vous semez dans la prière, vous recevrez des réponses et grandirez spirituellement, et votre être intérieur sera fortifié, et votre esprit renouvelé. Si vous avez été malade ou avez souffert d'infirmités, mais que maintenant, vous semez votre temps dans l'amour pour Dieu en participant diligemment à tous les cultes d'adoration, vous recevrez les bénédictions de la santé, et vous sentirez sans faute votre corps changer. Si vous semez de la prospérité en Dieu, il vous protègera et vous couvrira dans les épreuves et vous donnera aussi des bénédictions et une plus grande prospérité.

En comprenant combien il est important de semer en Dieu, lorsque vous chassez vos espoirs en ce monde, qui doit se délabrer et périr, mais qu'au contraire, vous commencez à amasser vos récompenses dans le ciel dans la vraie foi, le Dieu tout puissant vous conduira vers une vie dans la bonne santé en toutes circonstances.

Avec la Parole de Dieu, nous avons largement examiné ce qui est devenu un mur entre Dieu et l'homme, et pourquoi nous avons vécu dans l'angoisse de la maladie. Si vous n'aviez pas cru en Dieu, et que vous aviez souffert de maladies, accepté Jésus comme votre Sauveur et commencé une vie en Christ. Ne craignez pas ceux qui peuvent détruire la chair. Au contraire, en craignant Celui qui peut condamner la chair et l'esprit par l'enfer, gardez votre foi dans le Dieu du salut, des persécutions, de vos parents, de vos proches, de votre épouse, de vos beaux parents, et du reste. Lorsque Dieu reconnaît votre foi, Il travaillera et vous pourrez recevoir la grâce du salut.

Si vous êtes un croyant mais que vous avez souffert de maladies, regardez à vous-mêmes, afin de voir s'il n'y a pas de restes de mal en vous tels que la haine, la jalousie, l'envie, l'injustice, l'impureté, l'avarice, les motifs sinistres, le meurtre, la dispute, les murmures, les calomnies, l'orgueil et d'autres choses similaires. En priant à Dieu et en recevant le pardon par Sa compassion et Sa miséricorde, recevez aussi la réponse à votre problème de maladie.

Beaucoup de gens essaient de négocier avec Dieu. Ils disent que si Dieu guérit leurs maladies et leurs infirmités d'abord, ils croiront en Jésus Christ et le suivront correctement. Cependant, parce que Dieu connaît le centre de chaque cœur individuellement, ce n'est qu'après avoir lavé les gens spirituellement qu'Il guérira chacun d'eux de leurs maladies physiques.

En comprenant que les pensées des hommes et les pensées de Dieu sont différentes, puissiez-vous d'abord obéir à la volonté de Dieu, afin que votre esprit puisse prospérer tandis que vous recevez les bénédictions de la guérison de vos maladies, au nom du Seigneur je prie !

Chapitre 3

Le Dieu qui Guérit

Exode 15 :26

*Si tu écoutes attentivement la voix de l'Eternel,
ton DIEU, si tu fais ce qui est droit à Ses yeux,
si tu prêtes l'oreille à Ses commandements,
et si tu observes toutes Ses lois,
je ne te frapperai d'aucune de ces maladies dont
J'ai frappé les Egyptiens ;
car je suis l'ETERNEL qui te guérit*

Pourquoi l'Homme Tombe-t-il Malade ?

Bien que le Dieu qui guérit souhaite que tous Ses enfants vivent des vies en bonne santé, beaucoup d'entre eux souffrent de la douleur de la maladie, en étant incapables de résoudre le problème de la maladie. Tout comme il y a une cause pour chaque résultat, il y a aussi une cause pour chaque maladie. Tout comme chaque maladie peut être efficacement guérie dès que la cause en est déterminée, tous ceux qui souhaitent recevoir leur guérison doivent d'abord déterminer la cause de leur maladie. Au départ de la Parole de Dieu dans Exode 15 :26, nous allons plonger dans la cause des maladies, et les voies par lesquelles nous pouvons être délivrés de la maladie et vivre une vie en bonne santé.

« L'ETERNEL » est le nom désigné pour Dieu et il se réfère à « JE SUIS CELUI QUI SUIS » (Exode 3 :14). Le nom indique aussi que tous les êtres vivants sont soumis à l'autorité du Dieu Très Vénéré. De la manière dont Dieu se réfère Lui-même en tant que « l'ETERNEL qui te guérit » (Exode 15 :26), nous apprenons au sujet de l'amour de Dieu qui nous délivre de l'agonie de la maladie et de la puissance de Dieu qui guérit la maladie.

Dans Exode 15 :26, Dieu nous promet, *« Si tu écoutes attentivement la voix de l'Eternel, ton DIEU, si tu fais ce qui est droit à Ses yeux, si tu prêtes l'oreille à Ses commandements, et si tu observes toutes Ses lois, je ne te frapperai d'aucune de ces maladies.* » Si donc, vous êtes tombés malades, cela sert de preuve de ce que vous n'avez pas prêté entièrement attention à Sa voix, pas fait ce qui est juste à Ses yeux, et pas prêté attention à Ses commandements.

Comme les enfants de Dieu sont des citoyens du ciel, ils doivent abonder dans la loi du ciel. Cependant, si les citoyens du ciel n'obéissent pas à Ses lois, Dieu ne peut les protéger parce que le péché est illégal (1 Jean 3 :4). Alors, les puissances de la maladie vont s'infiltrer, laissant les enfants désobéissants de Dieu dans l'angoisse de la maladie.

Examinons en détail les voies par lesquelles nous pouvons tomber malades, la cause de la maladie, et comment la puissance du Dieu qui guérit peut soulager ceux qui souffrent de maladie.

La Circonstance dans Laquelle on Tombe Malade à cause de son Péché

Au travers de la Bible, Dieu nous rappelle encore et encore que la cause de la maladie est le péché. Jean 5 :14 dit, « *Depuis, Jésus le trouva (l'homme qu'Il venait de guérir) et lui dit : Voici, tu as été guéri ; ne pèche plus, de peur qu'il ne t'arrive quelque chose de pire.* » Ce verset nous rappelle que si l'homme venait à pécher, il pourrait tomber malade d'une plus grave maladie que celle dont il souffrait auparavant, et aussi que par le péché, les gens tombent malade.

Dans Deutéronome 7 :12-15, Dieu nous promet que « *Si vous écoutez ces ordonnances, si vous les observez et les mettez en pratique...L'Eternel éloignera de toi toute maladie...Mais il en frappera tous ceux qui te haïssent.* » Dans ceux qui haïssent, il y a le mal et le péché, et la maladie sera envoyée à de telles personnes.

Dans Deutéronome 28, présenté communément comme le « Chapitre des Bénédictions », Dieu nous rapporte le genre de bénédictions que nous recevons lorsque nous obéissons avec attention à tous Ses commandements. Il nous parle aussi du genre de malédictions qui tombera sur nous et nous submergera si nous ne suivons pas avec soin Ses commandements et Ses décrets.

Plus particulièrement, il nous expose en détail les types de maladies auxquelles nous serons exposés si nous désobéissons à Dieu. Ce sont « des plaies ; consomption ; fièvre ; inflammation ; chaleur brûlante et dessèchement ; jaunisse et gangrène ; les ulcères d'Egypte... tumeurs, hémorroïdes, gale et teigne dont tu ne pourras guérir ; délire ; aveuglement ; égarement d'esprit, et il n'y aura personne pour venir à ton secours ; et Il te frappera aux genoux et aux cuisses d'ulcères malins dont tu ne pourras guérir, il te frappera depuis la plante du pied jusqu'au sommet de la tête » (Deutéronome 28 :21-35).

En comprenant clairement que la cause de la maladie

est le péché, si vous tombez malades, vous devez d'abord vous repentir de ne pas avoir vécu selon la Parole de Dieu et recevoir votre pardon. Dès que vous aurez reçu la guérison en vivant selon la Parole, vous ne devrez plus jamais pécher.

La Circonstance dans laquelle Quelqu'un Tombe Malade malgré qu'il Pense qu'il n'a pas Péché

Certaines personnes disent que malgré qu'elles n'aient pas péché, elles tombent malgré tout malades. La Parole de Dieu nous dit cependant que si nous faisons ce qui est juste aux yeux de Dieu, si nous observons Ses commandements et que nous gardons tous Ses décrets, alors Dieu ne nous affligera d'aucune maladie. Si nous sommes tombés malades, nous devons reconnaître qu'au long de notre chemin, nous avons fait ce qui n'est pas bien à Ses yeux et n'avons pas gardé Ses décrets.

Quel est donc le péché qui cause la maladie ?

Si quelqu'un utilise le corps sain que Dieu lui a donné, sans maîtrise de soi ou dans l'immoralité, s'il désobéit à Ses commandements, commet des erreurs ou mène une vie désordonnée, il se place dans un plus grand risque de tomber malade. Dans cette catégorie de maladies appartiennent un dérèglement gastro-entérique, provenant d'un comportement nutritionnel excessif ou irrégulier, une maladie du foie provenant du fait de fumer ou de boire continuellement, et encore beaucoup d'autres espèces de maladies provenant du surmenage de son corps.

Cela pourrait ne pas sembler être un péché d'un point de vue humain, mais aux yeux de Dieu c'est un péché. L'excès de nourriture est un péché parce qu'il montre l'avidité et le manque de la maîtrise de soi de quelqu'un. Si quelqu'un tombe malade à cause d'une mauvaise habitude alimentaire, son péché est de ne pas avoir mené une vie régulière ou gardé les heures des repas, mais aussi d'avoir abusé de son corps sans maîtrise de soi. Si quelqu'un est tombé malade après avoir consommé de la nourriture qui n'était pas prête, son péché est l'impatience – ne pas avoir agi selon la vérité.

Si quelqu'un a utilisé un couteau sans faire attention et s'est coupé lui-même, et que la blessure devient infectée, c'est aussi la conséquence de son péché. S'il avait réellement aimé Dieu, ce Dieu aurait protégé cette personne en tout temps des accidents. Même s'il avait commis une erreur, Dieu aurait fourni une voie de sortie, et parce qu'Il travaille pour le bien des gens qui L'aiment, le corps n'aurait pas été coupé. Les blessures et les dommages auraient été causés parce qu'il avait agi dans la hâte et non d'une manière vertueuse, les deux n'étant pas justes aux yeux de Dieu, rendant ainsi son acte pécheur.

La même règle s'applique au fait de fumer ou de boire. Si quelqu'un sait que fumer aveugle sa pensée, endommage ses bronches et provoque le cancer, et que malgré tout il est encore incapable d'abandonner, et si quelqu'un est conscient que la toxicité de l'alcool endommage ses intestins et détériore les organes de son corps, mais qu'il est toujours incapable d'abandonner, ce sont des actes pécheurs. Cela montre son incapacité de se contrôler lui-même et son avidité, son manque d'amour pour son corps, et le fait qu'il n'a pas suivi la volonté de Dieu. Comment cela pourrait-il ne pas être un péché ?

Même si nous n'étions pas certains que toutes les maladies sont la conséquence du péché, nous pouvons maintenant en être certains en ayant examiné ces nombreux différents cas et les avoir confrontés à la Parole de Dieu. Nous devons toujours obéir et vivre selon Sa Parole afin que nous puissions être libérés du péché. En d'autres termes, si nous faisons ce qui est juste à Ses yeux, prêtons attention à Ses commandements et gardons tous Ses décrets, Il nous protègera et nous couvrira contre la maladie en tous temps.

Maladies Causées par la Névrose et autres Dérèglements Mentaux

Les statistiques nous disent que le nombre de gens souffrant de névrose et d'autres dérèglements mentaux est en augmentation. Si les gens sont patients, comme la Parole de Dieu nous l'enseigne, et qu'ils pardonnent, aiment et comprennent selon la vérité, ils pourraient facilement être libérés de telles maladies. Il y a cependant encore du mal qui demeure dans leurs cœurs et ce mal les empêche de vivre par la Parole de Dieu. L'angoisse mentale détériore d'autres parties du corps ainsi que le système immunitaire, conduisant éventuellement vers la maladie. Lorsque nous vivons par la Parole de Dieu, nos émotions ne seront pas remuées, nous ne deviendrons pas colériques, et nos pensées ne seront pas excitées.

Il y a ceux autour de nous qui n'apparaissent pas comme mauvais, mais bons, mais qui souffrent cependant de ce type d'affections. Parce qu'ils se retiennent d'avoir même une expression normale de leurs émotions, ils souffrent d'une bien plus grande affection que ceux qui expriment leur colère ou leur rage. La bonté dans la vérité n'est pas l'agonie du conflit entre des émotions contradictoires ; c'est au contraire, la compréhension mutuelle dans le pardon et l'amour et le réconfort dans la maîtrise de soi et l'endurance.

De plus, lorsque les gens commettent volontairement des péchés, ils arrivent à souffrir de maladie mentale à cause de l'angoisse mentale et de la destruction. Parce qu'ils n'agissent pas avec bonté, mais tombent encore plus profondément dans le mal, leur souffrance mentale provoque une maladie. Nous devons savoir que la névrose et les autres désordres mentaux sont infligés par nous-mêmes, étant causés par nos propres voies folles et mauvaises. Même dans un pareil cas, le Dieu d'amour guérira tous ceux qui Le cherchent et qui veulent recevoir

Sa guérison. De plus, Il leur donnera aussi de l'espérance pour le ciel et leur permettra de vivre dans le véritable bonheur et le réconfort.

Les Maladies de l'Ennemi Diable sont aussi à cause du Péché

Certaines personnes ont été possédées par Satan et souffrent de toutes les maladies que l'ennemi diable leur envoie. C'est parce qu'elles ont abandonné la volonté de Dieu et se sont éloignées de la vérité. La raison pour laquelle un grand nombre de personnes, malades, sont physiquement diminuées et possédées de démons dans des familles qui ont fortement adoré des idoles est parce que Dieu déteste l'adoration des idoles.

Dans Exode 20 :5-6, nous trouvons, *« Moi, l'ETERNEL ton Dieu, je suis un Dieu jaloux qui punis l'iniquité des pères sur les enfants jusqu'à la troisième et à la quatrième génération de ceux qui me haïssent, et qui fais miséricorde jusqu'à la millième génération à ceux qui m'aiment et qui gardent Mes commandements. »* Il nous a donné un commandement spécial, nous interdisant d'adorer des idoles. Parmi les Dix Commandements qu'Il nous a donnés, les deux premiers sont, *«Tu n'auras point d'autres dieux devant Ma face »* et *« tu ne feras point d'image taillée, ni de représentation quelconque des choses qui sont en haut dans les cieux, qui sont en bas sur la terre, et qui sont dans les eaux plus bas que la terre. »* - nous pouvons facilement dire combien Dieu déteste l'adoration des idoles.

Si les parents désobéissent à la volonté de Dieu et adorent des idoles, leurs enfants vont naturellement suivre leur exemple. Si des parents n'obéissent pas à la Parole de Dieu et font le mal, leurs enfants suivront naturellement leur exemple et pratiqueront le mal. Lorsque le péché de désobéissance atteint la troisième et la quatrième génération, comme un salaire du péché, leurs descendants souffriront de maladies que leur inflige l'ennemi le diable.

Même si les parents avaient adoré des idoles mais que leurs enfants, de la bonté de leur cœur adorent Dieu, Il montrera Son amour et sa miséricorde et les bénira. Même si des gens souffrent aujourd'hui de maladies infligées par l'ennemi le diable après avoir abandonné la volonté de Dieu et s'être écarté de la vérité, lorsqu'ils se repentent et se détournent du péché, le Dieu qui guérit les lavera. Il en guérira certains immédiatement ; d'autres, Il les guérira plus tard ; et d'autres encore, Il les guérira en fonction de l'évolution de leur foi. L'œuvre de la guérison se produira selon la volonté de Dieu : si des gens ont des cœurs qui ne changent pas à Ses yeux, ils seront guéris immédiatement ; si leurs cœurs cependant sont rusés, ils seront guéris à un moment ultérieur.

Nous Serons Guéris de la Maladie lorsque Nous Vivons par la Foi

Parce que Moïse était plus humble que n'importe qui sur la surface de la terre (Nombres 12 :3) et était fidèle dans toute la maison de Dieu, il a été qualifié de fidèle serviteur de Dieu (Nombres 12 :7). La Bible nous dit aussi que Moïse est mort à l'âge de cent vingt ans, ses yeux n'étaient pas affaiblis, ni sa vigueur passée (Deutéronome 34 :7). Abraham était un homme parfait qui obéissait avec foi et qui honorait Dieu, il vécut jusqu'à l'âge de 175 ans (Genèse 25 :7). Daniel était en bonne santé malgré qu'il ne mange que des légumes (Daniel 1 :12-16), tandis que Jean Baptiste était robuste alors qu'il ne mangeait que des sauterelles et du miel sauvage (Matthieu 3 :4).

On pourrait s'étonner comment des gens pouvaient rester en bonne santé sans consommer de viande. Cependant, lorsque Dieu a créé l'homme, Il lui a dit de ne manger que des fruits. Dans Genèse 2 :16-17, Dieu dit à l'homme, « *Tu es libre de manger de tous les fruits des arbres du jardin ; mais tu ne mangeras pas de l'arbre de la connaissance du bien et du mal.* » Après la désobéissance d'Adam, Dieu lui ordonna de manger uniquement les plantes des champs (Genèse 3 :18), et comme le péché continuait à se répandre dans ce monde, après le Jugement du Déluge, Dieu donna instruction à Noé de manger « Tout ce qui vit et bouge » (Genèse 9 : 3-4). Comme l'homme devenait graduellement mauvais,

Dieu lui permit de manger de la viande, mais aucune nourriture « détestable » (Lévitique 11 ; Deutéronome 14).

Dans les temps du Nouveau Testament, Dieu nous dit « *De nous abstenir de nourriture sacrifiée aux idoles, du sang et de la viande des animaux étranglés* » (Actes 15 :29). Il nous a permis de manger de la nourriture qui est profitable pour notre santé et nous a conseillé de nous abstenir de la nourriture qui nous est nuisible ; ce serait d'autant plus profitable pour nous de manger toute nourriture et de boire toute boisson qui plaisent à Dieu. Pour autant que nous suivons la volonté de Dieu et que nous vivons par la foi, nos corps deviendront plus forts, les maladies nous quitteront et aucune infection ne nous envahira plus.

De plus, nous ne tomberons pas malade lorsque nous vivrons dans la justice avec foi parce qu'il y a deux mille ans, Jésus Christ est venu dans ce monde et a porté tous nos lourds fardeaux. Si nous croyons qu'en versant son sang, Jésus nous a racheté de nos péchés et s'est chargé de nos infirmités et que par Ses meurtrissures (Matthieu 8:17) nous sommes guéris, cela sera accompli selon notre foi (Esaïe 53 :5-6 ; 1 Pierre 2 :24).

Avant de rencontrer Dieu, nous n'avions pas de foi. Nous vivions dans la poursuite des désirs de notre nature pécheresse et nous souffrions d'une variété de maladies en conséquence de nos péchés. Lorsque nous vivons par la foi et faisons tout en toute justice, nous sommes bénis par une bonne santé physique.

Comme l'esprit est sain, le corps aussi sera sain. Tandis que nous marchons dans la justice et agissons en accord avec la Parole de Dieu, nos corps sont remplis du Saint Esprit. Les maladies vont nous quitter et comme nos corps reçoivent une guérison physique, aucune maladie ne pourra nous infiltrer. Comme nos corps seront dans la paix, sentiront la lumière, seront joyeux et sains, nous ne serons plus dans le besoin et nous serons reconnaissants à Dieu de nous avoir donné la santé.

Que vous puissiez agir dans la justice et avec foi afin que tout comme votre esprit prospèrera, vous serez guéris de toutes vos maladies et infirmités et vous recevrez la bonne santé ! Que vous puissiez aussi recevoir l'amour abondant de Dieu tandis que vous obéissez et vivez selon Sa Parole – tout ceci au nom du Seigneur je prie !

Chapitre 4

Par Ses Meurtrissures
Nous Sommes Guéris

Esaïe 53 :4-5

Cependant, Il a porté nos souffrances,
Il s'est chargé de nos douleurs ;
et nous L'avons considéré comme puni,
frappé de Dieu et humilié.
Mais Il était blessé pour nos péchés,
brisé pour nos iniquités ;
le châtiment qui nous donne la paix est tombé sur Lui,
et c'est par Ses meurtrissures que nous sommes guéris.

Jésus en tant que Fils de Dieu a Guéri Toutes les Maladies

Comme les gens suivent leurs propres voies dans la vie, ils rencontrent une variété de problèmes. Tout comme la mer n'est pas toujours calme, il y a beaucoup de problèmes dans la mer de la vie qui surgissent à la maison, au travail, dans les affaires, les maladies, la prospérité et ainsi de suite. Ce ne serait pas une exagération de mentionner qu'au milieu des troubles de la vie, le plus significatif est la maladie.

Nonobstant la quantité de prospérité et de connaissances qu'un individu peut posséder, s'il est frappé d'une maladie grave, tout ce pourquoi il a travaillé durant sa vie ne sera plus rien qu'une bulle. D'une part, nous constatons que la civilisation matérielle progresse et la prospérité grandit, et le désir de l'homme pour la santé grandit aussi. D'autre part, peu importe dans quelle mesure la science et la médecine peuvent se développer, de nouvelles et rares formes de maladies – contre lesquelles la connaissance des hommes est inutile – sont continuellement découvertes et le nombre de gens qui en souffrent est toujours croissant. C'est peut être la raison pour laquelle même une importance très particulière est accordée à la santé aujourd'hui.

La souffrance, la maladie, et la mort – toutes

conséquences du péché – incarnent les limites de l'homme. Comme Il l'a fait dans les temps de l'Ancien Testament, le Dieu qui guérit nous présente aujourd'hui le chemin par lequel les gens qui croient en Lui peuvent être guéris de toute maladie, par leur foi en Jésus Christ. Examinons la Bible et voyons pourquoi nous recevons des réponses au problème de la maladie et menons des vies saines par notre foi en Jésus Christ.

Lorsque Jésus a demandé à Ses disciples « Qui dites vous que Je suis ? » Simon Pierre répondit, « Tu es le Christ, le Fils du Dieu vivant » (Matthieu 16 :15-16). Cette réponse parait assez simple, mais elle révèle aussi pleinement que seul Jésus est le Christ.

Pendant Son temps, une grande multitude suivait Jésus parce qu'il guérissait immédiatement ceux qui étaient malades. Cela incluait les possédés de démons, les épileptiques, les paralytiques, et d'autres qui souffraient d'une variété de maladies. Lorsque les lépreux, les gens qui avaient la fièvre, les boiteux, les aveugles et les autres étaient guéris au toucher de Jésus, ils commencèrent à le suivre et à le servir. Combien cette vue devait être merveilleuse ? Au témoignage de tels miracles et prodiges, les gens croyaient et acceptaient Jésus, recevaient les réponses aux problèmes de la vie, et les malades expérimentaient l'œuvre de la guérison. De plus, tout comme Jésus guérissait les malades à son époque, quiconque s'approche de Jésus *aujourd'hui* peut aussi recevoir sa guérison.

Un homme qui n'était pas très différent d'un paralytique a assisté à une veillée d'adoration du vendredi peu de temps après la fondation de mon église. Cet homme, après un accident d'automobile, avait reçu une thérapie pendant un temps assez long à l'hôpital. Cependant, parce que les tendons de ses genoux avaient été déchirés, il était incapable de plier son genou et parce que son mollet ne pouvait bouger, il lui était impossible de marcher. Comme il écoutait la parole qui était prêchée, il aspirait à accepter Jésus et à être guéri. Lorsque j'ai prié avec instance pour cet homme, il s'est immédiatement levé et a commencé à marcher et à courir. Tout comme le paralytique près de la porte du temple appelée la Belle a sauté sur ses pieds et a commencé à marcher à la prière de Pierre (Actes 3 :1-10), une œuvre miraculeuse de Dieu fut manifestée.

Ceci sert de preuve que quiconque croit en Jésus Christ et reçoit le pardon des péchés en Son nom peut être entièrement guéri de toutes ses maladies – même si elles ne pouvaient pas être guéries par la science médicale – tandis que son corps est renouvelé et restauré. Dieu qui est le même hier, aujourd'hui et éternellement (Hébreux 13 :8) travaille dans les gens qui croient dans Sa parole et Le cherchent selon la mesure de leur foi, et Il guérit différentes maladies, ouvre les yeux des aveugles et fait marcher les paralytiques.

Quiconque a accepté Jésus Christ, tous ses péchés ont été pardonnés, et il est devenu un enfant de Dieu et doit maintenant vivre une vie de liberté.

Examinons maintenant en détail pourquoi chacun de nous peut vivre une vie saine lorsqu'il parvient à croire en Jésus Christ.

Jésus a été Battu et a Versé Son Sang

Avant Sa crucifixion, Jésus a été battu par les soldats romains et a versé Son sang dans la cour de Ponce Pilate. Les soldats romains de cette époque étaient de santé robuste, très forts et bien entraînés. Après tout, ils étaient les soldats d'un empire qui dirigeait le monde de son époque. La douleur atroce que Jésus a endurée lorsque ces rudes soldats l'ont dépouillé et flagellé ne peut pas être décrite de manière correcte avec des mots. À chaque coup de fouet, le fouet s'enroulait autour du corps de Jésus et arrachait Sa chair et le sang coulait de Son corps.

Pourquoi Jésus, le Fils de Dieu, qui est sans péché, blâme ou défaut, a-t-Il du être battu si fortement et a-t-Il du saigner pour nous les pécheurs ? Mêlée à cet évènement, il y a une implication spirituelle de grande profondeur et l'étonnante providence de Dieu.

1 Pierre 2 :24 nous dit que dans les meurtrissures de Jésus nous avons été guéris. Dans Esaïe 53 :5, nous lisons que par ses meurtrissures nous sommes guéris. Il y a environ deux mille ans, Jésus, le Fils de Dieu a été flagellé pour nous racheter de l'agonie de la maladie et le sang

qu'Il a répandu était pour nos péchés de ne pas avoir vécu selon la Parole de Dieu. Lorsque nous croyons dans le Jésus qui a été flagellé et qui a saigné, nous sommes déjà guéris de nos maladies. Cela est un signe du stupéfiant amour et de la sagesse de Dieu.

C'est pourquoi, si vous souffrez d'une maladie en tant qu'enfant de Dieu, repentez vous de vos péchés, et croyez que vous avez déjà été guéris. Parce que « *la foi est la ferme assurance de ce qu'on espère, une démonstration de celles qu'on ne voit pas* » (Hébreux 11 :1), même si vous ressentez la douleur dans les parties affectées de votre corps, avec la foi qui vous fait dire, « j'ai déjà été guéri », vous serez effectivement rapidement guéri.

Pendant mon graduat, j'ai blessé une de mes côtes et lorsqu'elle récupérait, de temps en temps, la douleur était tellement insupportable que j'avais des difficultés à respirer. Une année ou deux après avoir accepté Jésus Christ, la douleur est revenue alors que j'essayais de soulever un objet lourd, et je ne pouvais plus faire un pas de plus. Cependant, parce que j'avais cru et expérimenté la puissance du Dieu tout puissant, j'ai prié avec assurance, « Lorsque je vais bouger directement après avoir prié, je crois que la douleur aura disparu et que je pourrai marcher ». Comme j'ai cru uniquement dans mon Dieu tout puissant, et que j'ai effacé la pensée de la douleur, j'ai pu me lever et marcher. C'est comme si la douleur n'avait jamais existé que dans mon imagination.

Comme Jésus nous l'a dit dans Marc 11 :24, « *tout ce*

que vous demandez en priant, croyez que vous l'avez reçu, et vous le verrez s'accomplir », si nous croyons que nous avons déjà été guéris, nous recevrons de fait la guérison selon notre foi. Cependant, si nous croyons que nous n'avons pas encore été guéris, à cause de la douleur persistante, la maladie ne sera pas guérie. En d'autres termes, c'est uniquement lorsque nous brisons le cadre de nos propres pensées, que tout sera fait selon notre foi.

C'est pourquoi Dieu nous dit que la pensée pécheresse est hostile à Dieu (Romains 8 :7), et Il nous presse à rendre toute pensée captive à l'obéissance à Dieu (2 Corinthiens 10 :5). De plus, dans Matthieu 8 : 17, nous trouvons que Jésus a porté nos souffrances et s'est chargé de nos infirmités. Si vous pensez, « je suis faible », vous ne pouvez que rester faible. Peu importe cependant, combien votre vie peut être difficile ou épuisante, si vos lèvres confessent, « Mais j'ai en moi la puissance et la grâce de Dieu et comme le Saint Esprit me dirige, je ne suis pas épuisé, » l'épuisement va disparaître et vous serez transformé en une robuste personne.

Si nous croyons réellement en Jésus Christ, qui a porté nos souffrances et qui s'est chargé de nos infirmités, nous devons nous souvenir qu'il n'y a aucune raison pour nous de souffrir de maladie.

Lorsque Jésus Vit leur Foi

Maintenant que nous avons été guéri de nos maladies par les meurtrissures de Jésus, ce dont nous avons besoin, c'est de la foi par laquelle nous pouvons croire cela. De nos jours, de nombreuses personnes qui n'avaient pas accepté Jésus Christ, viennent à Lui avec leurs maladies. Certaines personnes sont guéries peu de temps après avoir accepté Jésus Christ, tandis que d'autres ne présentent aucun progrès même après des mois de prière. Ce dernier groupe de personnes doit regarder à lui-même et examiner sa foi.

Au travers d'un cas exposé dans Marc 2 :1-12, explorons comment le paralytique et ses quatre amis ont démontré leur foi, appelé la main de guérison du Seigneur pour le libérer de sa maladie, et comment ils ont rendu grâce à Dieu.

Lorsque Jésus a visité Capernaüm, la nouvelle de son arrivée s'est rapidement répandue, et une grande foule s'est assemblée. Jésus leur a prêché la Parole de Dieu – la vérité – et la foule a prêté attention, ne voulant perdre aucune parole de Jésus. A ce moment, quatre hommes apportèrent un paralytique sur un lit, mais à cause de la grande foule, ils ne purent amener le paralytique plus près de Jésus.

Cependant, ils n'abandonnèrent pas. Au contraire, ils montèrent sur le toit de la maison dans laquelle Jésus se trouvait, firent une ouverture au dessus de Lui, l'agrandirent et firent descendre le lit sur lequel le paralytique était couché. Lorsque Jésus vit leur foi, Il dit au paralytique, « Fils, tes péchés te sont pardonnés… lève-toi, prends ton lit et va à la maison », et le paralytique reçut la guérison qu'il avait instamment désirée. Lorsqu'il prit son lit et sortit à la vue de tous, les gens furent étonnés et donnèrent gloire à Dieu.

Le paralytique avait souffert d'une maladie tellement grave qu'il était incapable de bouger de lui-même. Lorsque le paralytique entendit la nouvelle de Jésus, qui avait ouvert les yeux des aveugles, fait marcher les paralytiques, purifié les lépreux, chassé les démons et guéri beaucoup d'autres souffrances d'une variété de maladies, il chercha désespérément à rencontrer Jésus. Parce qu'il avait un bon cœur, lorsque le paralytique entendit une telle nouvelle, il chercha à rencontrer Jésus dès qu'il a pu savoir où Il était.

Alors, un jour, le paralytique entendit que Jésus était venu à Capernaüm. Pouvez-vous imaginer combien il a du être heureux en entendant cette nouvelle ? Il a du chercher des amis qui étaient disposés à l'aider, et ses amis qui heureusement avaient leur propre foi, avaient immédiatement accepté la requête de leur ami. Comme les amis du paralytique avaient aussi entendu parler de Jésus, lorsque leur ami leur demanda avec instance de le conduire auprès de Jésus, ils acceptèrent.

Si les amis du paralytique avaient refusé sa requête, et l'avaient ridiculisé, en disant, « comment peux-tu croire en de telles choses, sans les avoir vues par toi-même ? », ils n'auraient pas suscité tout ce trouble pour aider leur ami.

Cependant, parce qu'ils avaient eux-mêmes de la foi, ils ont pu porter le paralytique sur son lit, chacun d'eux portant un coin du lit, et ils ont même été jusqu'à pratiquer une ouverture dans le toit de la maison.

Lorsqu'ils ont vu la grande foule rassemblée après avoir eu une rude journée, et qu'ils ne pouvaient pas se frayer un passage pour se rapprocher de Jésus, combien ont-ils du être anxieux et découragés ? Ils ont du demander et même plaider pour avoir une petite ouverture. Cependant, à cause du grand nombre de personnes qui s'étaient rassemblés, ils ne virent aucune ouverture, et ils devenaient désespérés. En fin de compte, ils décidèrent de monter sur le toit de la maison dans laquelle Jésus se trouvait, y firent une ouverture, et descendirent leur ami couché sur son lit devant Jésus. Le paralytique vint et rencontra Jésus de plus près qu'aucune autre personne qui était présente. Au travers de cette histoire, nous pouvons apprendre avec quelle instance, le paralytique et ses amis désiraient se présenter devant Jésus.

Nous devons faire attention au fait que le paralytique et ses amis n'allèrent pas seulement à Jésus. Le fait qu'ils aient traversé toutes ces oppositions pour Le rencontrer uniquement après avoir entendu parler de Lui, signifie qu'ils ont cru aux rumeurs à Son sujet et à la parole qu'il prêchait. De plus, en surmontant des difficultés apparentes, les endurant et en se rapprochant progressivement de Jésus, le paralytique et ses amis ont montré combien ils étaient humbles lorsqu'ils se présentèrent devant Lui.

Lorsque les gens virent le paralytique et ses amis qui se rendaient sur le toit et y faisaient une ouverture, la foule aurait pu soit les mépriser, soit se mettre en colère. Peut être qu'un évènement que nous ne pouvons pas imaginer s'est produit. Cependant, pour ces cinq personnes, personne ni rien ne pouvait déranger leur chemin. Dès qu'ils auraient rencontré Jésus, le paralytique aurait été guéri et ils auraient facilement pu réparer ou compenser le dommage causé au toit.

Cependant, parmi le grand nombre de personnes souffrant de maladies graves aujourd'hui, il est difficile de rencontrer un patient qui lui-même ou sa famille montrant de la foi. Au lieu de s'approcher agressivement de Jésus, ils disent facilement « je suis terriblement malade, je voudrais aller, mais je ne le peux pas », ou « un tel dans ma famille est tellement faible qu'il ne peut pas être bougé ». Il est décourageant de voir des gens tellement passifs qui semblent attendre qu'une pomme tombe d'un pommier dans leur bouche. Ces gens, en d'autres termes, manquent de foi.

Si des gens confessent leur foi en Dieu, il doit aussi y avoir du sérieux par lequel ils peuvent démontrer leur foi. Parce qu'on ne peut expérimenter l'œuvre de Dieu par une foi qui est reçue et est uniquement stockée comme de la connaissance, ce n'est que lorsqu'on montre sa foi avec des œuvres que cette foi peut devenir une foi véritable, et qu'un fondement de foi pour recevoir la foi spirituelle de

Dieu peut être bâti. Pour cela, tout comme le paralytique a reçu l'œuvre de guérison de Dieu, sur le fondement de sa foi, nous devons également devenir sages et Lui montrer le fondement de notre foi – la foi elle-même – afin que nous aussi, puissions vivre des vies dans lesquelles nous pouvons recevoir la foi spirituelle donnée par Dieu et expérimenter Ses miracles.

Vos Péchés sont Pardonnés

Au paralytique qui est venu devant Lui avec l'aide de ses quatre amis, Jésus dit « Fils, tes péchés sont pardonnés », et il a résolu le problème du péché. Parce que nous sommes incapables de recevoir des réponses s'il y a un mur du péché entre Dieu et nous, Jésus a d'abord réglé le problème du péché du paralytique qui est venu à Lui avec un fondement de foi.

Si nous confessons réellement notre foi en Dieu, la Bible nous dit avec quelle attitude nous devons paraître devant Lui, et comment nous devons agir. En obéissant à des commandements tels que , « Faites », « Ne faites pas », « Gardez », « Chassez », et ainsi de suite, une personne injuste va être transformée en une personne juste et un menteur va être transformé en une personne honnête et vraie. Lorsque nous obéissons à la Parole de vérité, nos péchés seront lavés par le sang du Seigneur, et lorsque nous recevons le pardon, la protection et les réponses de

Dieu viendront d'en haut.

Parce que toutes les maladies trouvent leur origine dans le péché, une fois que le problème du péché est résolu, la condition dans laquelle l'œuvre de Dieu peut être manifestée sera établie. Tout comme une ampoule électrique est allumée et qu'une machine fonctionne lorsque l'électricité pénètre dans l'anode et sort de la cathode, lorsque Dieu voit le fondement de la foi de quelqu'un, Il va déclarer le pardon et lui donner la foi d'en haut, et par cela produire un miracle.

« Je te le dis, lève-toi, prends ton lit et rentre à la maison ». Quelle remarque réconfortante est cela ? En voyant la foi du paralytique et de ses quatre amis, Jésus a résolu le problème du péché et le paralytique a pu immédiatement marcher. Il est devenu sain, après une longue période de désir. De la même manière, si nous voulons recevoir des réponses, non seulement à nos maladies, mais aussi à n'importe quel autre problème que nous avons, nous devons nous rappeler de recevoir premièrement le pardon et de purifier nos cœurs.

Lorsque les gens avaient peu de foi, ils auraient pu chercher des solutions à leurs maladies en se basant sur les médecins et les médicaments, mais maintenant, que leur foi a grandi et qu'ils aiment Dieu et vivent selon Sa Parole, la maladie ne les envahit plus. Même s'ils sont tombés malades, lorsqu'ils se sont regardés eux-mêmes et qu'ils se sont repentis du plus profond de leur cœur, et se sont détournés de leurs voies pécheresses, ils ont immédiatement reçu la guérison. Je sais que beaucoup d'entre vous ont expérimenté cela.

Il y a un certain temps, on a diagnostiqué pour un ancien de mon église, une rupture discale et soudainement il fut incapable de bouger. Immédiatement, il a regardé à sa vie, s'est repenti et a reçu ma prière. L'œuvre de guérison de Dieu eut lieu immédiatement et il se rétablit.

Lorsque sa fille souffrait de pyrexie, la mère de l'enfant réalisa que son tempérament colérique avait été à l'origine de la maladie de son enfant, et lorsqu'elle s'en est repentie, l'enfant s'est rétabli.

Afin de sauver toute l'humanité qui, à cause du péché de désobéissance d'Adam était sur le chemin de la destruction, Dieu a envoyé Jésus Christ dans ce monde et Lui a permis d'être maudit et crucifié sur une croix de bois pour nous. C'est parce que la bible dit *« Sans effusion de sang il n'y a pas de rémission des péchés »*, (Hébreux 9 :22), et *« maudit est celui qui est pendu au bois »* (Galates 3 :13).

Maintenant que nous connaissons le problème de la racine du péché, nous devons sérieusement nous repentir de tous nos péchés et croire résolument en Jésus Christ qui nous a racheté de toutes nos maladies, et par cette foi, nous devons vivre des vies en bonne santé. Beaucoup de frères expérimentent la guérison aujourd'hui, témoignent de la puissance de Dieu et portent témoignage du Dieu vivant. Ceci nous montre que quiconque accepte Jésus Christ et demande en Son nom, peut recevoir une réponse à tous les problèmes de maladie. Peu importe la gravité de la maladie de quelqu'un, s'il croit dans son cœur en Jésus Christ qui a été flagellé et a répandu Son sang, une œuvre étonnante de la guérison divine sera manifestée.

La Foi Manifestée par les Œuvres

Tout comme le paralytique a reçu sa guérison avec l'aide de ses quatre amis, après qu'ils aient montré leur foi à Jésus, si nous voulons recevoir les désirs de notre cœur, nous devons également montrer à Dieu, notre foi accompagnée par les œuvres, et par cela établir un fondement de foi. Afin de permettre aux lecteurs de mieux comprendre la « foi », je vais fournir une brève explication.

Si quelqu'un croit en Jésus Christ, la « foi » peut être divisée et expliquée en deux catégories. « La foi charnelle », on croit à quelque chose de visible qui a été créée au départ de quelque chose d'autre qui est aussi visible. Avec la « foi spirituelle », que l'on ne peut pas posséder si nous y mêlons nos propres pensées et connaissances, on croit que quelque chose de visible peut être créée au départ de quelque chose d'autre qui n'est pas visible. Ceci nécessite de détruire sa propre connaissance et ses propres pensées.

Pour chaque personne, depuis sa naissance, un nombre incalculable de connaissances est stocké dans son cerveau. Les choses qu'il voit et entend sont enregistrées. Les choses qu'il apprend à la maison et à l'école sont enregistrées. Les choses qu'il apprend dans différents environnements et dans diverses conditions sont enregistrées. Cependant, chaque connaissance enregistrée n'est pas vraie, et si l'une d'entre elles n'est pas conforme à la Parole de Dieu, nous devons évidemment la chasser. Par exemple, à l'école il apprend que chaque chose vivante se rompt ou évolue d'une monade vers un organisme multi cellulaire, mais dans la Bible il apprend que toutes les choses vivantes ont été créées selon leurs espèces par Dieu. Que ferait-il ? L'erreur de la théorie de l'évolution a déjà été exposée même par la science, à de nombreuses reprises. Comment est-il possible, même avec la raison humaine pour un singe d'avoir évolué en un être humain et une grenouille d'avoir évolué en un oiseau d'une certaine espèce en l'espace de centaines de millions d'années ? Même la logique favorise la création.

De la même manière, lorsque la « foi charnelle » est transformée en « foi spirituelle », tandis que vos doutes sont chassés, vous vous tiendrez sur le rocher de la foi. De plus, si vous confessez votre foi en Dieu vous devez maintenant mettre la connaissance que vous avez emmagasinée en pratique. Si vous confessez croire en Dieu, vous devez vous montrer comme la lumière en conservant saint le Jour du Seigneur, en aimant votre prochain et en obéissant à la Parole de vérité.

Si le paralytique de Marc 2 était resté à la maison, il

n'aurait pas été guéri. Cependant, parce qu'il a cru qu'il serait guéri s'il se présentait devant Jésus, et qu'il a montré sa foi en appliquant et en utilisant toutes les méthodes disponibles, le paralytique a pu recevoir la guérison. Si un individu qui souhaite bâtir une maison se contente de prier, « Seigneur, je crois que la maison sera bâtie », une centaine ou un millier de prières ne suffiraient pas pour que la maison soit construite d'elle-même. Il doit faire sa part du travail en préparant la fondation, creusant la terre, posant les piliers, et ainsi de suite ; bref, les « actes » sont nécessaires.

Si vous ou quelqu'un de votre famille souffre de maladie, croit que Dieu donnera son pardon et manifestera Son œuvre de guérison lorsqu'Il verra chacun dans votre famille uni dans l'amour, l'unité qu'Il considère comme étant le fondement de la foi. Certains disent que parce qu'il y a un temps pour toute chose, il y aura aussi un temps pour la guérison. Cependant, rappelez vous que le « temps » est lorsque l'homme établit le fondement de foi devant Dieu.

Puissiez vous recevoir les réponses à vos maladies ainsi que pour toute autre chose que vous demandez, et donner gloire à Dieu, au nom du Seigneur je prie !

Chapitre 5

La Puissance pour Guérir les Infirmités

Matthieu 10 :1

Puis, ayant appelé Ses douze disciples, il leur donna le pouvoir de chasser les esprits impurs et de guérir toute maladie et toute infirmité »

La Puissance de Guérir les Maladies et les Infirmités

Il y a de nombreuses manières de prouver le Dieu vivant aux incroyants, et guérir les maladies est une de ces méthodes. Lorsque des gens souffrant de maladies incurables ou terminales, pour lesquels l'usage de la science médicale est futile, reçoivent la guérison, ils ne peuvent plus nier la puissance de Dieu le Créateur, mais ils commencent à croire en cette puissance et Lui donnent la gloire.

Malgré leur prospérité, autorité, renommée et connaissance, beaucoup de gens aujourd'hui sont incapables de régler le problème de maladie et demeurent dans son angoisse. Même malgré le fait qu'un grand nombre de maladies ne peut pas être guéri et cela malgré les techniques les plus élevées développées par la science médicale, lorsque les gens croient dans le Dieu tout puissant, se reposent sur Lui et Lui remettent le problème de la maladie, toutes les maladies incurables et terminales peuvent être guéries. Notre Dieu est un Dieu omnipotent, pour lequel rien n'est impossible, et qui peut créer quelque chose au départ de rien, avoir un bâton sec qui germe et bourgeonne (Nombres 17 :8), et ressusciter les morts (Jean 11 :17-44).

La puissance de Dieu peut en effet, guérir n'importe

quelle maladie ou infirmité. Dans Matthieu 4 :23, nous trouvons, *« Jésus parcourait toute la Gallilée, enseignant dans les synagogues, prêchant la bonne nouvelle du royaume, et guérissant toute maladie et toute infirmité parmi le peuple »*, et dans Matthieu 8 :17, nous lisons que, *« Jésus a pris nos infirmités, et Il s'est chargé de nos maladies. »* Dans ces passages, « maladie » et « infirmité » sont mentionnées.

Ici « infirmités » ne se réfère pas à des maladies bénignes telles que les rhumes, où les affections dues à la fatigue. Il s'agit d'une condition anormale dans laquelle, les fonctions d'un corps, les parties du corps ou des organes ont été paralysés ou dégénérés à cause d'un accident ou une erreur des parents ou de la personne concernée. Par exemple, ceux qui sont muets, sourds, aveugles, paralysés, souffrant de paralysie infantile (appelée communément polio), et ainsi de suite – celles qui ne peuvent être guéries par la connaissance humaine – peuvent être classifiées en tant « qu'infirmités ». En plus des conditions causées par un accident ou les erreurs des parents ou des personnes mêmes, comme dans le cas de l'aveugle né dans Jean 9 :1-3, il y a des gens qui souffrent d'infirmités afin que la gloire de Dieu puisse être manifestée. Mais de tels cas sont cependant rares parce que beaucoup sont causées par l'ignorance et les erreurs humaines.

Lorsque les gens se repentent et acceptent Jésus Christ tandis qu'ils essaient de croire en Dieu, Il leur donne le

Saint Esprit en tant que don. Ensemble avec le Saint Esprit, ils reçoivent aussi le droit de devenir enfants de Dieu. Lorsque le Saint Esprit est avec eux, sauf dans des cas exceptionnellement graves et sévères, la plupart des maladies sont guéries. Le fait seulement qu'ils aient reçu le Saint Esprit permet au feu du Saint Esprit de descendre sur eux et de brûler leurs blessures. De plus si quelqu'un souffre d'une maladie critique, s'il prie instamment avec foi, s'il détruit le mur du péché entre Dieu et lui, s'il se détourne du chemin du péché et s'il se repent, il recevra la guérison selon sa foi.

« Le feu du Saint Esprit » se réfère au baptême du feu qui a lieu après que quelqu'un reçoit le Saint Esprit, et aux yeux de Dieu, il s'agit de Sa puissance. Lorsque les yeux spirituels de Jean Baptiste se sont ouverts et qu'il a vu, il a décrit le feu du Saint Esprit en tant que « baptême du feu ». Dans Matthieu 3:11, Jean Baptiste dit, *« Je vous baptise d'eau pour la repentance, mais après moi viendra quelqu'un qui...vous baptisera de Saint Esprit et de feu. »* Le baptême de feu ne vient pas pour tous mais uniquement pour ceux qui sont baptisés du Saint Esprit. Comme le feu du Saint Esprit descend toujours sur celui qui est rempli du Saint Esprit, tous ses péchés et ses maladies seront brûlés et il vivra une vie en bonne santé.

Lorsque le baptême du feu brûle la malédiction de la maladie, la plupart des maladies sont guéries ; les infirmités cependant, ne peuvent pas être brûlées, même avec le baptême de feu. Comment donc peuvent-elles être guéries ?

Toutes les infirmités peuvent être guéries uniquement par la puissance donnée par Dieu. C'est pourquoi nous trouvons dans Jean 9 :32-33, « *Jamais on n'a entendu dire que quelqu'un ait ouvert les yeux d'un aveugle-né. Si cet homme (Jésus) ne venait pas de Dieu, Il ne pourrait rien faire.* »

Dans Actes 3 : 1-10 il y a une scène dans laquelle Pierre et Jean, qui tous deux avaient reçu la puissance de Dieu, aident un homme paralytique de naissance, qui mendiait près d'une porte du temple appelée « Belle », à se lever. Lorsque Pierre lui a dit, « *je n'ai ni argent ni or, mais ce que j'ai, je te le donne. Au nom de Jésus Christ de Nazareth, lève-toi et marche* » et il prit le paralytique par la main droite, et instantanément les pieds et les chevilles de l'homme devinrent forts et il commença à louer Dieu. Lorsque les gens virent l'homme qui avait été auparavant paralysé marcher et louer Dieu, ils furent remplis d'étonnement et de stupéfaction.

Si quelqu'un souhaite recevoir la guérison, il doit avoir une foi par laquelle il croit en Jésus Christ. Malgré que l'homme paralysé n'était qu'un mendiant parce qu'il a cru en Jésus Christ, il a pu recevoir sa guérison lorsque ceux qui avaient reçu la puissance de Dieu ont prié pour lui. C'est pourquoi les Ecritures nous disent, « *C'est par la foi en Son nom que Son nom a raffermi celui que vous voyez et connaissez ; c'est la foi en Lui qui a donné à cet homme cette entière guérison, en présence de vous tous.* » (Actes 3 :16)

Dans Matthieu 10 :1, nous trouvons que Jésus a donné à Ses disciples le pouvoir contre les esprits impurs, pour les chasser, et pour guérir toute espèce de maladie. Dans les temps de l'Ancien Testament, Dieu a donné la puissance pour guérir les infirmités à Ses prophètes bien-aimés y compris Moïse, Elie et Elisée ; dans les temps du Nouveau Testament, la puissance de Dieu était avec les apôtres tels que Pierre et Paul et des ouvriers fidèles comme Etienne et Philippe.

Lorsque quelqu'un reçoit le puissance de Dieu, rien n'est impossible parce qu'il peut faire marcher un paralytique, guérir ceux qui souffrent de paralysie infantile et leur permettre de marcher, faire voir les aveugles, ouvrir les oreilles des sourds et délier les langues des muets.

PLUSIEURS VOIES POUR GUERIR LES INFIRMITES

1. La Puissance de Dieu a Guéri un Homme Sourd-muet

Dans Marc 7 :31-37 il y a une scène dans laquelle la puissance de Dieu guérit un homme sourd-muet. Lorsque les gens ont amené l'homme à Jésus et l'ont supplié d'imposer les mains à cet homme, Jésus a pris l'homme à part et a mis Ses doigts dans les oreilles de l'homme. Ensuite Il a craché et touché la langue de l'homme. Il a tourné Son regard vers le ciel et avec un profond soupir, Il lui a dit « Ephphatha ! » (Ce qui signifie, « Sois guéri ! »). Immédiatement les oreilles de l'homme s'ouvrirent, sa langue fut déliée et il commença à parler parfaitement.

Est-ce que Dieu, qui a tout créé dans l'univers par Sa Parole, ne pouvait pas guérir l'homme par Sa Parole pareillement ? Pourquoi Jésus A-t-il placé Ses doigts dans les oreilles de l'homme ? Puisqu'un homme sourd ne peut pas entendre les sons et qu'il communique par un langage de signes, cet homme ne pouvait pas être capable de posséder la foi de la même manière que les autres même si Jésus avait parlé avec des sons. Parce que Jésus savait que l'homme manquait de foi, Jésus mit ses doigts dans les oreilles de l'homme afin qu'au travers du toucher de Ses doigts, l'homme puisse posséder la foi par laquelle il pouvait être guéri. L'élément le plus important est la foi par laquelle quelqu'un croit qu'il peut être guéri. Jésus pouvait avoir guéri cet homme par Sa Parole, mais parce que l'homme était incapable d'entendre, Jésus a planté la foi et a permis à l'homme de recevoir la guérison en utilisant une telle méthode.

Pourquoi donc, Jésus a-t-Il craché et touché la langue de l'homme ? Le fait que Jésus a craché nous dit qu'un esprit impur a provoqué le fait que l'homme soit muet. Si quelqu'un crache dans sur votre visage sans raison particulière, comment pouvez-vous l'accepter ? C'est un acte de souillure et un comportement immoral qui méprise ouvertement la personne de quelqu'un. Comme le fait de cracher symbolise en général le manque de respect et l'avilissement de quelqu'un, Jésus a aussi craché de manière à chasser l'esprit impur.

Dans Genèse, nous voyons que Dieu a maudit le serpent pour qu'il mange la poussière tous les jours de sa vie. Ceci en d'autres termes, se réfère à la malédiction de Dieu sur l'ennemi diable et Satan, qui avait instigué le serpent à faire de l'homme qui avait été fait de la poussière sa proie. C'est pourquoi, depuis le temps d'Adam l'ennemi diable s'est battu pour faire de l'homme sa proie et pour chercher toute opportunité pour tourmenter et dévorer l'homme. Tout comme les mouches, les moustiques et les asticots vivent dans des endroits répugnants, l'ennemi diable vit dans les gens dont les cœurs sont remplis de péchés, de méchanceté et de mauvaise humeur et il prend leur intelligence en otage. Nous devons réaliser que seuls ceux qui vivent et agissent selon la Parole de Dieu peuvent être guéris de leurs maladies.

2. La Puissance de Dieu a Guéri un Homme Aveugle

Dans Marc 8 :22 -25, nous trouvons la chose suivante :

> *Ils se rendirent à Bethsaïda ; et on amena vers Jésus un aveugle, qu'on le pria de toucher. Il prit l'aveugle par la main, et le conduisit hors du village ; puis, Il lui mit de la salive sur les yeux, lui imposa les mains, et lui demanda s'il voyait*

> *quelque chose. Il regarda et dit ; j'aperçois les hommes, mais j'en vois comme des arbres et qui marchent. Jésus lui mit de nouveau les mains sur les yeux ; et quand l'aveugle regarda fixement, il fut guéri, et vit tout distinctement.*

Lorsque Jésus a prié pour l'homme aveugle, il a craché sur les yeux de l'homme. Pourquoi donc cet homme aveugle n'a-t-il pas vu lorsque Jésus a prié pour lui la première fois, mais après qu'Il ait prié une seconde fois ? Par cette puissance, Jésus aurait pu guérir l'homme complètement, mais parce que la foi de l'homme était petite, Jésus a prié une seconde fois et l'a aidé à posséder la foi. Au travers de ceci, Jésus nous enseigne que lorsque certaines personnes sont incapables de recevoir leur guérison la première fois qu'ils reçoivent la prière, nous devons prier pour ces personnes deux, trois, même quatre fois jusqu'à ce qu'une semence de foi, par laquelle ils peuvent arriver à croire en leur guérison, soit plantée.

Jésus, pour qui rien n'est impossible a prié et a prié à nouveau lorsqu'Il a su que l'homme ne pouvait pas être guéri par sa foi. Que ferions-*nous* ? En implorant et en priant plus, nous devrions endurer jusqu'à ce que nous recevions la guérison.

Dans Jean 9 :6-9 il y a un homme aveugle-né qui a reçu sa guérison après que Jésus eut craché sur le sol, fait de la boue avec Sa salive, et mis la boue sur ses yeux. Pourquoi Jésus l'a-t-Il guéri en crachant sur le sol, en faisant de la boue avec Sa salive et en la mettant sur les yeux de l'homme ? La salive ne se réfère pas ici à quelque chose d'impur ; Jésus crache à terre afin qu'il puisse faire de la boue et la mettre sur les yeux de l'aveugle. Jésus a fait de la boue avec Sa salive parce que l'eau était peu abondante. En cas de furoncle ou d'enflure qui se développent ou de la morsure d'un insecte sur leurs enfants, les parents utilisent souvent leur propre salive d'une manière attentionnée. Nous devons comprendre l'amour de notre Seigneur qui a utilisé une variété de moyens pour aider les faibles à accéder à la foi.

Comme Jésus a mis de la boue sur les yeux de l'homme aveugle, l'homme a senti la sensation de la boue dans ses yeux et est arrivé à posséder la foi par laquelle il pouvait être guéri. Après que Jésus ait donné la foi à l'homme aveugle dont la foi personnelle était petite, par Sa puissance, Il a ouvert les yeux de l'homme.

Jésus nous dit que, « *Si vous ne voyez des miracles et des prodiges, vous ne croyez point* » (Jean 4 :48). Aujourd'hui, il est impossible d'aider les gens à posséder le type de foi par lequel quelqu'un peut croire uniquement au travers de la Parole de la Bible, sans témoigner des miracles de guérison et des prodiges. A une époque où la science et la connaissance de l'homme ont progressé de manière spectaculaire, il est extrêmement difficile des posséder la foi spirituelle pour croire en un Dieu invisible. « Voir c'est croire », nous avons souvent entendu cela. De la même manière, parce que la foi des hommes grandira et que l'œuvre de guérison aura lieu beaucoup plus rapidement lorsqu'ils verront de leurs yeux l'évidence tangible du Dieu vivant, « les signes miraculeux et les prodiges » sont absolument indispensables.

3. La Puissance de Dieu a Guéri un Paralytique

Comme Jésus a prêché la Bonne Nouvelle et a guéri les gens qui souffraient de toutes espèces de maladies et de toutes espèces d'infirmités, Ses disciples ont aussi manifesté la puissance de Dieu.

Lorsque Pierre a commandé à un mendiant paralysé, « au nom de Jésus Christ de Nazareth, lève-toi et marche » et l'a pris par la main droite, immédiatement les pieds et les chevilles de l'homme se sont fortifiés, et il sauta sur ses pieds et commença à marcher (Actes 3 :6-10). Comme les gens ont vu les miraculeux signes et prodiges que Pierre a manifesté après avoir reçu la puissance de Dieu, plus de gens ont commencé à croire au Seigneur. Ils amenaient même les malades dans les rues et les couchaient sur des lits et des grabats afin qu'au moins l'ombre de Pierre puisse tomber sur certains d'entre eux tandis qu'il passait. Des multitudes se réunissaient des villes autour de Jérusalem, apportant leurs malades et ceux qui étaient tourmentés par des démons, et tous étaient guéris (Actes 5 :14-16).

Dans Actes 8 :5-8, nous trouvons, *« Philippe étant descendu dans une ville de la Samarie, y prêcha le Christ.*

Les foules toutes entières étaient attentives à ce que disait Philippe, lorsqu'elles apprirent et virent les miracles qu'il faisait. Car les esprits impurs sortaient de plusieurs démoniaques en poussant de grands cris et de nombreux paralytiques et de boiteux furent guéris. Et il y eut une grande joie dans cette ville » (Actes 8 :5-8).

Dans Actes 14 :8-12, nous voyons un homme qui avait les pieds paralysés, qui était paralytique de naissance et qui n'avait jamais marché. Après avoir écouté le message de Paul, et être arrivé au point de posséder la foi par laquelle il pouvait recevoir le salut, lorsque Paul ordonna, « lève-toi sur tes pieds ! », immédiatement, l'homme sauta et commença à marcher. Ceux qui ont expérimenté cet incident ont déclaré que « Les dieux sont descendus sous une forme humaine ! »

Dans Actes 19 :11-12 nous voyons que, *« Dieu faisait des miracles extraordinaires par les mains de Paul, au point qu'on appliquait sur les malades des linges et des mouchoirs qui avaient touché son corps, et les maladies les quittaient, et les esprits malins sortaient. »* Combien la puissance de Dieu est étonnante et stupéfiante ?

Au travers de gens dont les cœurs ont atteint la sanctification et l'amour parfait comme l'avaient fait Pierre, Paul et les diacres Philippe et Etienne, la puissance de Dieu est même manifestée aujourd'hui. Lorsque les gens viennent devant Dieu avec la foi, souhaitant voir leurs infirmités guéries, ils peuvent être guéris en recevant la prière des serviteurs de Dieu au travers desquels Il travaille.

Depuis la fondation de Manmin, le Dieu vivant m'a permis de manifester une variété de signes miraculeux et de prodiges, a planté la foi dans les cœurs des membres et a apporté un grand réveil.

Il y a eu une femme qui avait été victime de l'abus de son mari alcoolique. Lorsque son nerf optique a été paralysé et que les médecins avaient renoncé à tout espoir après un très grave abus physique, la femme est venue à Manmin après en avoir entendu parler. Comme elle a participé avec zèle aux cultes d'adoration, et qu'elle a prié instamment pour sa guérison, elle a reçu ma prière et a pu voir à nouveau. La puissance de Dieu avait complètement restauré le nerf optique qui avait pendant un moment paru complètement perdu.

À une autre occasion, il y a eu un homme qui avait souffert d'un grave dommage dans lequel sa colonne vertébrale a été brisée en huit endroits. Comme la partie inférieure de son corps était devenue complètement paralysée, il était sur le point d'avoir les deux pieds amputés. Après avoir accepté Jésus Christ, il a pu échapper à l'amputation, mais il devait toujours marcher avec des béquilles. Il a alors commencé à assister aux réunions du Centre de Prières Manmin et un peu plus tard, pendant une nuit de prière d'adoration, après avoir reçu ma prière l'homme a jeté ses béquilles, et a commencé à marcher sur ses deux pieds, et depuis ce moment il est devenu un messager de l'évangile.

La puissance de guérison de Dieu peut complètement guérir les infirmités que la science médicale est incapable de guérir. Dans Jean 16 :23, Jésus nous promet, « *Je vous le dis en vérité, Mon Père vous donnera tout ce que vous demandez en Mon nom.* » Puissiez vous croire dans l'étonnante puissance de Dieu, la chercher avec diligence, recevoir la réponse à tous vos problèmes de maladie et devenir un messager qui porte la Bonne Nouvelle du Dieu vivant et tout puissant, au nom du Seigneur, je prie !

Chapitre 6

Les Moyens de Guérir ceux qui sont Possédés de Démons

Marc 9 :28-29

Quand Jésus fut entré dans la maison,
ses disciples Lui demandèrent en particulier,
Pourquoi n'avons-nous pas pu chasser cet esprit ?
Il leur dit : Cette espèce là ne peut sortir que
par la prière et par le jeûne

Dans les Jours de la Fin, l'Amour Refroidira

L'avancement de la civilisation scientifique moderne et le développement de l'industrie ont apporté la prospérité matérielle et ont permis aux gens de poursuivre plus de confort et de profit. En même temps, ces deux facteurs ont amené l'aliénation, un égoïsme débordant, la trahison et un complexe d'infériorité parmi les gens, tandis que l'amour faiblit et que la compréhension et le pardon sont durs à trouver.

Comme la Bible l'a prédit, « *A cause de l'accroissement de la méchanceté, l'amour de beaucoup refroidira,* » à un moment où la méchanceté triomphe et que l'amour se refroidit, un des plus grands problèmes de notre société d'aujourd'hui est le nombre grandissant de gens qui souffrent de désordres mentaux tels que les dépressions nerveuses, et la schizophrénie.

Les institutions mentales isolent bon nombre de patients qui sont incapables de vivre des vies normales, mais ils n'ont pas encore trouvé le traitement approprié. Si aucun progrès n'est constaté après des années de traitement, les familles deviennent très lasses et dans de nombreux cas, elles ignorent et abandonnent les patients comme des orphelins. Ces patients qui vivent dans l'éloignement sans familles sont incapables de fonctionner comme le font les gens normaux. Malgré qu'ils aient besoin du véritable amour de la part de leurs bien-aimés, peu de gens montrent leur amour à de telles personnes.

Nous trouvons dans la Bible beaucoup de situations dans lesquelles Jésus a guéri des gens possédés par des démons. Pourquoi ont-elles été reprises dans les Ecritures ? Comme la fin des temps approche, l'amour se refroidit et Satan tourmente les gens, les fait souffrir de maladies mentales et les adopte en tant qu'enfants du diable. Satan tourmente, donne la maladie, sème la confusion, tâche de péché et remplit de méchanceté la pensée des gens. Puisque la société est plongée dans la méchanceté et le péché, les gens sont rapides à envier, se quereller, se haïr, et se tuer les uns les autres. Comme les jours de la fin approchent, les chrétiens doivent être capables de discerner la vérité de la contrevérité, de tenir fermement leur foi et de vivre des vies saines physiquement et mentalement.

Examinons donc la cause derrière l'instigation et le tourment de Satan, ainsi que le nombre croissant de gens possédés par Satan et les démons et souffrant de désordres mentaux dans notre société moderne dans laquelle la civilisation scientifique a fortement progressé.

Le Processus d'être Possédé par Satan

Chacun a une conscience et beaucoup de gens se comportent et vivent selon leur conscience, mais le standard de conscience de chaque individu ainsi que les résultats qui en découlent, varient de personne à personne. Cela est parce que chaque personne est née et a grandi dans des environnements et des conditions différents, a entendu et appris différentes choses de ses parents, à la maison et à l'école et a enregistré différentes informations.

D'une part, la Parole de Dieu, qui est la vérité, nous dit, « *Ne te laisse pas vaincre par le mal, mais surmonte le mal par le bien* » (Romains 12 :21), et nous presse, « *Mais Moi, Je vous dis de ne pas résister au méchant, si quelqu'un te frappe sur la joue droite, présente lui aussi l'autre* » (Matthieu 5 :39). Puisque la Parole enseigne l'amour et la pardon, un standard de jugement « Perdre c'est gagner » se développe dans ceux qui le croient. D'autre part, si quelqu'un a appris qu'il doit rendre le coup quand il est frappé, il atteindra un jugement qui dicte que résister est un acte de bravoure tandis qu'éviter sans répliquer est de la couardise. Trois facteurs – chaque standard individuel de jugement, le fait d'avoir vécu une vie de justice ou d'injustice, et combien il s'est compromis avec le monde – formeront différentes consciences dans des gens différents.

Parce que les gens ont vécu leurs vies différemment leurs consciences sont donc différentes, et l'ennemi de Dieu Satan utilise cela pour tenter les gens à vivre selon la nature pécheresse, contrairement à la justice et au bien, en suscitant des pensées mauvaises et en les incitant à pécher.

Il y a dans le cœur des gens un conflit entre les désirs

du Saint Esprit par lesquels ils doivent vivre selon la loi de Dieu, et les désirs de la nature pécheresse par lesquels les gens sont poussés à vivre selon les désirs de la chair. C'est pourquoi Dieu nous recommande dans Galates 5 :16-17, « *Je dis donc, marchez selon l'Esprit, et vous n'accomplirez pas les désirs de la chair. Car la chair a des désirs contraires à ceux de l'Esprit, et l'Esprit en a de contraires à ceux de la chair ; ils sont opposés entre eux, afin que vous ne fassiez point ce que vous voudriez.* »

Si nous vivons selon les désirs du Saint Esprit nous hériteront du royaume de Dieu ; si nous suivons les désirs de la nature pécheresse, et ne vivons pas selon la Parole de Dieu, nous n'hériterons pas de Son royaume. C'est pourquoi Dieu nous prévient de la chose suivante en Galates 5 : 19-21 :

> *Or les œuvres de la chair sont manifestes, ce sont l'adultère, l'impudicité, l'impureté, la dissolution, l'idolâtrie, la magie, les inimitiés, les querelles, les jalousies, les animosités, les disputes, les divisions, les sectes, l'envie, les meurtres, l'ivrognerie, les excès de table, et les choses semblables. Je vous dis d'avance, comme Je vous l'ai déjà dit, que ceux qui commettent de telles choses n'hériteront point le royaume de Dieu.* »

Comment donc, les gens deviennent-ils possédés par

des démons ? Au travers des pensées de quelqu'un, Satan pousse les désirs de la nature pécheresse d'un individu dont le cœur est rempli de la nature pécheresse. S'il est incapable de contrôler ses pensées, et pratique les œuvres de la nature pécheresse, un sentiment de culpabilité se présente et son cœur deviendra encore plus mauvais. Lorsque ces œuvres de la nature pécheresse se multiplient, la personne deviendra à la fin, incapable de se contrôler, et au contraire va faire tout ce que Satan l'incite à faire. Une telle personne est appelée « possédée » par Satan.

Assumons par exemple, qu'il y a un homme paresseux qui n'aime pas travailler, mais qui au contraire préfère boire et gaspiller son temps. Satan va manipuler et contrôler la pensée d'une telle personne afin qu'elle continue à boire et à gaspiller son temps, en ressentant que le travail est un fardeau. Satan va aussi le détourner de la bonté qui est la vérité, lui dérober son énergie pour développer sa vie, et la transformer en une personne incompétente et inutile. Comme il se comporte et vit selon les pensées de Satan, cet homme est incapable d'échapper à Satan. De plus, comme son cœur devient encore plus mauvais, et qu'il s'est déjà soumis à des pensées mauvaises, au lieu de contrôler son cœur, il fera tout ce qui lui plait. S'il veut se fâcher, il se fâchera avec plaisir ; s'il veut se battre et se disputer, il se battra et se disputera autant qu'il le désire ; et s'il veut boire, il ne pourra pas s'empêcher de boire. Lorsque ceci s'accumule, à un certain point, il ne sera plus capable de contrôler ses pensées et son cœur et trouvera que toutes choses sont contre sa volonté. A la fin de ce processus, il devient possédé par des démons.

Les Causes de la Possession Démoniaque

Il y a deux causes principales pour que quelqu'un soit manipulé par Satan et plus tard possédé par des démons.

1. Les Parents

Si les parents avaient quitté Dieu, adoré des idoles, ce que Dieu déteste et considère comme abominable, ou qu'ils aient fait quelque chose d'extraordinairement mauvais, alors les forces des esprits impurs vont infiltrer leurs enfants et si on ne vérifie pas cela, ils seront possédés par des démons. Dans un pareil cas, les parents doivent venir devant Dieu, se repentir amèrement de leurs péchés, se détourner de leurs voies pécheresses et implorer Dieu pour leurs enfants. Dieu verra alors le centre du cœur des parents et manifestera son œuvre de guérison, détachant ainsi les chaînes de l'injustice.

2. Soi-même

Nonobstant les péchés des parents, on peut être possédé par des démons à cause de nos propres contrevérités, incluant le mal, l'orgueil et le reste. Puisque l'individu ne peut pas prier et se repentir de lui-même, lorsqu'il reçoit la prière d'un serviteur de Dieu qui manifeste Sa puissance, les chaînes de l'injustice peuvent tomber. Lorsque les démons sont chassés, et qu'il revient dans son bon sens, il faut lui annoncer la Parole de Dieu afin que son cœur qui avait un temps été rempli de péché et de méchanceté soit lavé et devienne un cœur de vérité.

C'est pourquoi, si un membre de la famille ou des proches sont possédés par des démons, la famille doit désigner une personne qui va prier pour lui. C'est parce que le cœur et la pensée de celui qui est possédé par des démons sont contrôlés par des démons et qu'il est incapable de faire quelque chose de sa propre volonté. Il ne peut ni prier, ni écouter la Parole de vérité ; il ne peut donc pas vivre selon la vérité. C'est pourquoi, toute la famille ou même une seule personne de la famille doit prier pour lui dans l'amour et la compassion afin que le membre de la famille possédé par des démons puisse maintenant vivre dans la foi. Lorsque Dieu voit l'amour et la dévotion dans cette famille, Il révèlera l'œuvre de la guérison. Jésus nous a enjoint d'aimer notre prochain comme nous-mêmes (Luc 10 :27). Si nous sommes incapables de prier et de nous dévouer pour un membre de notre propre famille qui est possédé par des démons, comment pouvons-nous dire que nous aimons notre prochain ?

Lorsque la famille et les amis de la personne qui est

possédée par des démons déterminent la cause, se repentent et prient avec la foi en la puissance de Dieu, se dévouent avec amour et plantent la semence de la foi, alors les puissances des démons seront chassées et leur bien-aimé sera transformé en un homme de vérité, que Dieu va couvrir et protéger contre les démons.

Les Moyens de Guérir les Gens Possédés par des Démons

Dans diverses parties de la Bible, il y a des récits de guérison de gens possédés de démons. Examinons maintenant comment ils ont reçu leur guérison.

1. Il faut repousser les forces démoniaques.

Dans Marc 5 :1-20 nous trouvons un homme « *Qui vivait dans les sépulcres et personne ne pouvait plus le lier, même avec une chaîne.* » Nous apprenons aussi que, « *il était sans cesse, nuit et jour dans les sépulcres et sur les montagnes, criant et se meurtrissant avec des pierres. Ayant vu Jésus de loin, il accourut, se prosterna devant Lui et s'écria d'une voix forte : Qu'y a-t-il entre Toi et moi, Jésus, Fils du Dieu très puissant ? Je t'en conjure, au nom de Dieu, ne me tourmente pas.* » (Marc 5 :5-7).

Ceci était une réponse à l'ordre de Jésus « Sors de cet homme, toi esprit impur ! » Cette scène nous apprend que même malgré que les gens ne savaient pas que Jésus était le Fils de Dieu, l'esprit impur savait parfaitement qui était Jésus et quel genre de puissance Il possédait.

Jésus demanda alors, « Quel est ton nom ? », et l'homme possédé par des démons répondit « Mon nom est légion, car nous sommes plusieurs. » Il supplia aussi Jésus, encore et encore de ne pas l'envoyer hors du pays, et puis le supplia de l'envoyer dans des porcs. Jésus n'a pas demandé le nom parce qu'il ne le connaissait pas ; il a demandé le nom comme un juge qui interroge l'esprit impur. De plus « Légion » signifie qu'un grand nombre de démons maintenait l'homme en esclavage.

Jésus permit à la « Légion » d'entrer dans une horde de pourceaux qui se précipitèrent des pentes escarpées dans la mer où ils se noyèrent. Lorsque nous chassons des démons, nous devons le faire avec la Parole de vérité, qui est symbolisée par de l'eau. Lorsque les gens ont vu l'homme, qui ne pouvait pas être arrêté par la puissance d'un homme, complètement guéri, assis là et habillé dans son bon sens, ils furent saisis de frayeur.

Comment devons-nous chasser des démons aujourd'hui ? Ils doivent être chassés au nom de Jésus Christ vers l'eau, ce qui symbolise la Parole, ou le feu, ce qui symbolise le Saint Esprit, afin que leur puissance soit perdue. Les démons sont cependant des créatures spirituelles, ils seront chassés lorsqu'une personne qui possède la puissance pour chasser les démons prie.

Lorsqu'une personne sans foi essaie de les chasser, les démons en retour vont la rabaisser ou se moquer d'elle. C'est pourquoi, pour guérir une personne possédée par des démons, un homme de Dieu qui possède la puissance pour les chasser doit prier pour elle.

Cependant, occasionnellement, des démons ne seront pas chassés lorsqu'un homme de Dieu les chasse au nom de Jésus Christ. C'est parce que la personne possédée par des démons a blasphémé ou parlé contre le Saint Esprit (Matthieu 12 :31 ; Luc 12 :10). La guérison ne peut pas être manifestée pour certaines personnes possédées par des démons lorsqu'ils continuent volontairement à pêcher après qu'elles aient reçu la Parole de vérité (Hébreux 10 :26).

De plus, dans Hébreux 6 :4-6 nous trouvons, « *Car il est impossible que ceux qui ont une fois été éclairés, qui ont goûté du don céleste, qui ont eu part au Saint Esprit, qui ont goûté la bonne Parole de Dieu et les puissances du siècle à venir – et qui sont tombés – soient encore renouvelés et amenés à la repentance, puisqu'ils crucifient pour leur part le Fils de Dieu et L'exposent à l'ignominie.* »

Maintenant que nous avons appris ceci, nous devons nous garder nous-mêmes afin que nous ne puissions plus commettre des péchés pour lesquels nous ne pouvons pas recevoir de pardon. Nous devons aussi distinguer dans la vérité si oui ou non une personne possédée de démons peut être guérie par la prière.

2. Armez-vous de la vérité.

Une fois que les démons sont chassés d'eux, les gens doivent remplir leur cœur avec la vie et la vérité avec diligence en lisant la Parole de Dieu, louant et priant. Même si les démons sont chassés, si les gens continuent à vivre dans le péché sans s'armer de vérité, les démons chassés reviendront et cette fois, ils seront accompagnés de démons qui sont encore plus méchants. Rappelez-vous que leur condition sera pire que la première fois que les démons les ont possédé.

Dans Matthieu 12 :43-45, Jésus nous dit la chose suivante :

> *Lorsqu'un esprit impur est sorti d'un homme, il va par des lieux arides, cherchant du repos, et il n'en trouve point. Alors il dit : Je retournerai dans ma maison d'où je suis sorti, et quand il arrive, il la trouve vide, balayée et ornée. Il s'en va et il prend avec lui sept autres esprits plus méchants que lui ; ils entrent dans la maison, s'y établissent, et la dernière condition de cet homme est pire que la première. Il en sera de même pour cette génération méchante.*

Les démons ne doivent pas être chassés négligemment. De plus, une fois que les démons sont chassés, les amis et la famille de celui qui a été possédé par les démons doivent comprendre que la personne nécessite maintenant du soin avec un plus grand amour qu'auparavant. Ils doivent s'occuper de lui avec dévouement et sacrifice et l'armer de la vérité jusqu'à ce qu'il ait reçu sa complète guérison.

Tout Est Possible à Celui qui Croit

Dans Marc 9 :17-27 il y a l'histoire de la guérison par Jésus d'un fils possédé par un esprit qui l'avait rendu muet et qui souffrait d'épilepsie, et cela après avoir vu la foi de son père. Examinons brièvement comment le fils a reçu sa guérison.

1. La famille doit montrer sa foi.

Un fils dans Marc 9 avait été muet et sourd depuis son enfance à cause d'une possession diabolique. Il ne pouvait comprendre aucun mot et toute communication était impossible avec lui. De plus, il était difficile de discerner quand et où les symptômes de l'épilepsie allaient se manifester. C'est la raison pour laquelle son père vivait toujours dans l'angoisse et l'agonie, ayant perdu tout espoir de vie.

Alors le père entendit parler d'un homme de Galilée qui manifestait des miracles, ressuscitait des morts et guérissait toutes espèces de maladies. Une lueur d'espoir commença à percer le désespoir de cet homme. Si la nouvelle était vraie, le père croyait que cet homme de Galilée pouvait guérir son fils également. Cherchant sa chance, le père amena son fils devant Jésus et lui dit, « Si Tu peux toutes choses, aie pitié de nous et aide nous. »

En entendant la demande instante du père, Jésus dit « Si tu peux ? Tout est possible à celui qui croit, » et il reprocha au père son peu de foi. Le père avait entendu la nouvelle, mais n'avait pas cru dans son cœur. Si le père avait compris que Jésus en tant que Fils de Dieu était tout puissant et la vérité même, il n'aurait pas dit « Si ». De manière à nous enseigner que sans la foi il est impossible d'être agréable à Dieu et qu'il est impossible de recevoir des réponses sans une foi parfaite par laquelle on peut croire, Jésus a dit « Si Tu peux ? », tout en reprochant au père son peu de foi.

La foi en général peut être divisée en deux types. Par la « foi charnelle » ou « foi de la connaissance », on peut croire ce que l'on voit. La foi par laquelle on peut croire sans voir est la « foi spirituelle », « la foi véritable », « la foi vivante », ou « la foi accompagnée par les œuvres ». Ce type de foi peut créer quelque chose au départ de rien. La définition de la foi selon la Bible est *« la ferme assurance des choses qu'on espère, une démonstration de celles qu'on ne voit pas »* (Hébreux 11 :1).

Lorsque les gens souffrent de maladies guérissables par les hommes, ils peuvent être guéris tandis que leurs maladies sont brûlées par le feu du Saint Esprit, lorsqu'ils montrent leur foi et sont remplis du Saint Esprit. Si un débutant dans la vie de foi tombe malade, il peut être guéri lorsqu'il ouvre son cœur, écoute la Parole et montre sa foi. Si un chrétien mûr qui a la foi tombe malade, il peut être guéri lorsqu'il se détourne de ses voies dans la repentance.

Lorsque les gens souffrent de maladies qui ne peuvent pas être guéries par la science médicale, ils doivent monter une foi qui est nettement plus grande. Si un chrétien mûr avec de la foi devient malade, il peut être guéri s'il ouvre son cœur, s'il se repent en soumettant son cœur et qu'il offre une prière persévérante. Si quelqu'un devient malade avec peu ou pas de foi, il ne sera pas guéri tant qu'il ne recevra pas de foi, et selon la croissance de sa foi, le travail de la guérison sera manifesté. Ceux qui sont physiquement inaptes, dont les corps sont déformés et dont les maladies héréditaires ne peuvent être guéries que par un miracle de Dieu. Ils doivent donc montrer la consécration à Dieu et la foi par laquelle ils peuvent aimer et Lui plaire. Ce n'est qu'alors que Dieu reconnaît leur foi et manifeste la guérison. Lorsque les gens manifestent leur foi ardente en Dieu de la manière dont Bartimée a appelé Jésus avec insistance (Marc 10 :46-52), la manière dont un centurion a montré à Jésus sa grande foi (Matthieu 8 :5-13), et la manière dont le paralytique et ses quatre amis ont montré leur foi et leur consécration (Marc 2 :3-12) – Dieu leur donnera la guérison.

De la même manière, puisque les gens possédés par des

démons ne peuvent pas être guéris sans l'œuvre de Dieu et sont incapables de montrer leur foi, de manière à faire descendre la guérison du ciel, d'autres membres de leur famille doivent croire dans le Dieu tout puissant et se présenter devant Lui.

2. Les gens doivent posséder la foi par laquelle ils peuvent croire.

Jésus avait d'abord réprimandé le père du fils qui avait longtemps été possédé par un démon à cause de son peu de foi. Lorsque Jésus a dit à l'homme que « Certainement tout est possible à celui qui croit », les lèvres du père donnèrent une confession positive « Je crois ». Cependant, sa foi était limitée à la connaissance. C'est pourquoi le père a supplié Jésus, « Viens au secours de ma foi ! » (Marc 9 :24) Après avoir entendu la supplication du père, dont le cœur sincère, la prière insistante et la foi étaient connus de Jésus, Il donna au père la foi par laquelle il pouvait croire.

De la même manière, en criant à Dieu, nous pouvons recevoir la foi par laquelle nous pouvons croire et avec ce type de foi nous serons capables de recevoir les réponses à nos problèmes, et « l'impossible » deviendra « possible ».

Dès que le père a possédé la foi par laquelle il pouvait croire, lorsque Jésus ordonna « Toi esprit sourd et muet, Je te l'ordonne, sors de lui et ne reviens jamais plus », l'esprit impur quitta le fils avec un cri (Marc 9 :25-27). Comme les lèvres du père ont supplié pour recevoir la foi par laquelle il pouvait croire et qu'il a désiré l'intervention de Dieu – même après que Jésus l'ait réprimandé – Jésus a manifesté une étonnante œuvre de guérison.

Jésus a même répondu et donné la complète guérison au fils de ce père qui était possédé par un esprit impur qui lui avait volé la parole et l'avait fait souffrir d'épilepsie, de sorte qu'il tombait souvent, avait la bave à la bouche, grinçait des dents et devenait raide. Alors, pour ceux qui croient dans la puissance de Dieu par laquelle toutes choses sont possibles et qui vivent selon Sa Parole, ne permettra-t-Il pas que toutes choses aillent bien et ne les conduira-t-Il pas à mener une vie saine ?

Rapidement après la fondation de Manmin, un jeune homme de la province de Gang-won visita l'église après en avoir entendu parler. Le jeune homme pensait qu'il servait Dieu fidèlement en tant qu'enseignant de l'école du dimanche et membre de la chorale. Cependant, parce qu'il était très orgueilleux et n'avait pas chassé la méchanceté de son cœur, mais au contraire avait accumulé le péché, le jeune homme souffrait après qu'un démon soit entré dans son cœur impur et ait commencé à travailler en lui. L'œuvre de la guérison fut manifestée suite à une prière instante et à la consécration de son père. Après avoir discerné l'identité du démon et l'avoir chassé par la prière, le jeune homme commença à baver de sa bouche, est tombé sur son dos et a dégagé une horrible odeur. Après cet incident, le jeune homme a vécu une vie renouvelée comme il s'était armé de la vérité à l'Eglise Manmin. Aujourd'hui il sert le Seigneur fidèlement de retour à son église de Gang-won et il donne gloire à Dieu en partageant la grâce de son témoignage de guérison à un nombre incalculable de gens.

Puissiez vous comprendre que l'étendue de l'œuvre de Dieu est infinie et que tout est possible par elle, afin que lorsque vous recherchez une prière vous deveniez non seulement un enfant béni de Dieu mais aussi son saint chéri qui prospère en toutes choses en tous temps, dans le nom du Seigneur, je prie !

Chapitre 7

La Foi et l'Obéissance de Naaman le Lépreux

2 Rois 5 :9-14

Naaman vint avec ses chevaux et son char,
et il s'arrêta à la porte de la maison d'Elisée.
Elisée lui fit dire par un messager ;
Va et lave-toi sept fois dans le Jourdain ;
ta chair redeviendra saine et tu seras pur ...
Il descendit alors et se plongea sept
fois dans le Jourdain selon la Parole
de l'homme de Dieu,
et sa chair redevint comme la chair
d'un jeune enfant, et il fut pur

Le Général Naaman, le Lépreux

Pendant notre vie, nous rencontrons de petits et de grands problèmes. Parfois nous rencontrons des problèmes qui sont au-delà des capacités humaines.

Dans un pays appelé Aram, au nord d'Israël, il y avait un commandant de l'armée nommé Naaman. Il avait conduit Aram à la victoire dans les moments les plus difficiles pour le pays. Naaman aimait son pays et servait fidèlement son roi. Malgré que le roi appréciait grandement Naaman, le général était dans l'angoisse en raison d'un secret que personne d'autre ne connaissait.

Quelle était la cause de son angoisse ? Naaman n'était pas à l'agonie parce qu'il manquait de prospérité ou de renommée. Naaman se sentait affligé et ne trouvait pas de bonheur dans la vie parce qu'il avait la lèpre, une maladie incurable que la médecine de cette époque ne pouvait pas guérir.

Du temps de Naaman, les gens qui souffraient de lèpre étaient considérés comme impurs. Ils étaient obligés de vivre dans l'isolement en dehors des limites de la cité. La souffrance de Naaman était encore plus insupportable parce qu'en dehors de la douleur, il y avait d'autres problèmes qui accompagnaient la maladie. Les symptômes de la lèpre comprenaient pour le malade des plaques sur son corps, surtout sur son visage, l'extérieur de ses bras et de ses jambes, l'intérieur de ses pieds y compris la dégénération de ses sens. Dans les cas les plus sévères, les sourcils, les ongles des doigts et des pieds tombaient, et l'apparence générale devenait effroyable.

Alors un jour, Naaman qui avait été affligé d'une maladie incurable et qui était incapable de trouver de la joie dans la vie entendit la bonne nouvelle. Selon une jeune fille captive d'Israël qui servait sa femme, il y avait un prophète en Samarie qui guérirait Naaman de sa lèpre. Parce qu'il n'y avait rien qu'il n'aurait fait pour recevoir sa guérison, Naaman parla au roi de sa maladie et de ce qu'il avait appris par sa servante. Après avoir entendu que son fidèle général serait guéri de sa lèpre s'il se présentait devant le prophète en Samarie, le roi aida Naaman avec instance et il écrivit même une lettre au roi d'Israël en faveur de Naaman.

Naaman partit pour Israël avec dix talents d'argent, six mille shekels d'or et dix ensembles de vêtements et la lettre du roi qui disait, « Par cette lettre je vous envoie mon serviteur Naaman afin que vous puissiez le guérir de sa lèpre. » En ce temps là, Aram était une nation plus puissante qu'Israël. Après avoir lu la lettre du roi d'Aram, le roi d'Israël déchira ses vêtements et dit, « Suis-je Dieu ? Pourquoi cet homme m'envoie-t-il quelqu'un pour que je le guérisse de sa lèpre ? Voyez comment il essaie de me chercher querelle ! »

Lorsque le prophète d'Israël Elisée entendit cette nouvelle, il vint devant le roi et dit « Laisse cet homme venir à moi et il saura qu'il y a un prophète en Israël. » Lorsque le roi d'Israël envoya Naaman à la maison d'Elisée, le prophète ne rencontra pas le général, mais il dit seulement par l'intermédiaire d'un messager, « Va et lave-toi sept fois dans le Jourdain ; ta chair redeviendra saine et tu seras pur ».

Combien cela a-t-il du être embarrassant pour Naaman, qui était venu avec ses chars et ses chevaux à la maison d'Elisée, uniquement pour voir que le prophète ne voulait ni le saluer ni même le rencontrer ? Le général se fâcha. Il avait cru que si le commandant d'une armée d'un pays qui est plus puissant qu'Israël lui avait rendu visite, le prophète aurait du le recevoir cordialement et lui imposer les mains. Au contraire, Naaman reçut un accueil froid de la part du prophète et il lui fut dit de se laver dans une rivière aussi petite et répugnante que le Jourdain.

Dans sa rage, Naaman pensa retourner à la maison, disant « les fleuves de Damas, l'Abana et le Parpar ne valent- ils pas mieux que toutes les eaux d'Israël ? Ne pourrais-je pas m'y laver et devenir pur ? » Comme il se préparait pour son voyage de retour, les serviteurs de Naaman plaidèrent avec lui. « Mon père, si le prophète t'avait demandé quelque chose de difficile, ne l'aurais-tu pas fait ? Combien plus dois-tu faire ce qu'il t'a dit : Lave-toi et tu seras pur ! » Et ils pressèrent leur maître d'obéir aux instructions d'Elisée.

Que se passa-t-il lorsque Naaman se plongea sept fois dans la rivière Jourdain, comme Elisée le lui avait ordonné

? Sa chair devint pure comme celle d'un jeune enfant. La lèpre qui avait donné tant d'agonie à Naaman était totalement guérie. Lorsqu'une maladie incurable pour les hommes a été complètement guérie par l'obéissance de Naaman à un homme de Dieu, le général reconnut le Dieu vivant et Elisée en tant qu'homme de Dieu.

Après avoir expérimenté la puissance du Dieu vivant – le Dieu qui guérit la lèpre – Naaman est retourné vers Elisée et a confessé, « *Voici, je reconnais qu'il n'y a point de Dieu sur toute la terre, si ce n'est en Israël...ton serviteur ne veut plus offrir à d'autres dieux, ni holocauste ni sacrifice, il n'en offrira qu'à l'Eternel,* » et il donna gloire à Dieu (2 Rois 5 :15-17).

La Foi et les Œuvres de Naaman

Examinons maintenant la foi et les œuvres de Naaman, qui a rencontré le Dieu qui guérit et qui a été guéri d'une maladie incurable.

1. La bonne conscience de Naaman

Certaines personnes acceptent facilement et croient dans les paroles des autres tandis que d'autres ont tendance à douter inconditionnellement et à se méfier des autres. Parce que Naaman avait une bonne conscience, il n'a pas dédaigné les paroles des autres, mais les a accepté avec joie. Il a pu aller en Israël, obéir aux instructions d'Elisée, et recevoir sa guérison parce qu'il ne les avait pas négligées mais y avait prêté attention, et qu'il avait cru aux paroles d'une jeune servante de sa femme. Lorsque cette jeune fille, qui avait été amenée captive d'Israël a dit à sa femme « si seulement mon maître pouvait voir le prophète qui est en Samarie ! Il le guérirait de sa lèpre, » Naaman l'a cru. Supposons que vous êtes à la place de Naaman. Qu'auriez-vous fait ? Auriez-vous entièrement cru en ces paroles ?

Malgré les progrès de la médecine moderne aujourd'hui, il y a de nombreuses maladies pour lesquelles la médecine est inutile. Si vous disiez à d'autres que vous avez été guéri d'une maladie incurable par Dieu ou que vous avez été guéri après avoir reçu la prière, combien de personnes pensez-vous vont vous croire ? Naaman a cru aux paroles de la jeune fille, s'est présenté devant son roi pour demander la permission, est parti pour Israël et a reçu la guérison de sa lèpre. En d'autres termes, parce que Naaman avait une bonne conscience, il a pu accepter les paroles de la jeune fille lorsqu'elle l'a évangélisé et il a agi en fonction d'elles. Nous devons aussi réaliser que lorsqu'on nous a prêché l'évangile, nous avons pu recevoir les réponses à tous nos problèmes uniquement après avoir cru à la prédication et s'être présenté devant Dieu de la manière dont Naaman l'a fait.

2. Naaman a brisé ses pensées

Lorsque Naaman s'est rendu en Israël avec l'aide de son roi et est arrivé à la maison d'Elisée, le prophète qui pouvait guérir la lèpre, il a reçu une réception froide. Il était résolument fâché lorsqu'Elisée, qui aux yeux de l'incrédule Naaman n'avait ni réputation, ni statut social, n'a pas accueilli un fidèle serviteur du roi d'Aram, et a dit à Naaman – au travers d'un messager – de se laver sept fois dans la rivière Jourdain. Le roi était enragé parce qu'il avait été envoyé personnellement par le roi d'Aram. De plus Elisée n'a même pas imposé les mains sur ses blessures, mais au contraire, a dit à Naaman qu'il pourrait être guéri s'il se lavait lui-même dans une rivière qui était aussi petite et dégoûtante que le Jourdain.

Naaman s'était fâché contre Elisée et sur les actions du prophète, qu'il ne pouvait pas comprendre par ses propres pensées. Il se préparait pour le retour à la maison, pensant qu'il y avait aussi de plus larges et propres rivières dans son pays et qu'il pouvait être guéri en se lavant dans l'une d'entre elles. A ce moment, les serviteurs de Naaman ont pressé leur maître d'obéir aux instructions d'Elisée et de se plonger dans la rivière Jourdain.

Parce que Naaman avait une bonne conscience, le général n'a pas agi selon ses pensées, mais au contraire, a choisi d'obéir aux instructions d'Elisée, et s'est dirigé vers le Jourdain. Parmi des gens d'un statut identique à celui de Naaman, combien d'entre-eux se seraient repentis et auraient obéi à l'empressement de leurs serviteurs ou d'autres personnes d'un niveau inférieur à eux ?

Comme nous le trouvons dans Esaïe 55 :8-9, « *Car mes pensées ne sont pas vos pensées et Mes voies ne sont pas vos voies, dit l'Eternel. Autant les cieux sont élevés au dessus de la terre, autant Mes voies sont élevées au dessus de vos voies, et Mes pensées au dessus de vos pensées,* » lorsque nous nous raccrochons à des pensées ou des théories humaines, nous ne pouvons pas obéir à la Parole de Dieu. Rappelons nous la fin du roi Saül qui avait désobéi à Dieu. Lorsque nous incorporons des pensées humaines et n'obéissons pas à la Parole de Dieu, c'est un acte de désobéissance, et si nous n'arrivons pas à accepter notre désobéissance, nous devons savoir que Dieu va nous rejeter et nous abandonner de la manière dont Il a abandonné le roi Saül.

Nous lisons dans 1 Samuel 15 :22-23, « *l'obéissance vaut mieux que tous les sacrifices et la soumission mieux que la graisse des béliers. Car la désobéissance est aussi coupable que la divination, et la résistance ne l'est pas moins que l'idolâtrie et les théraphim.* » Naaman a réfléchi à deux fois et il a décidé d'abandonner ses propres pensées et de suivre les instructions d'Elisée, l'homme de Dieu.

De la même manière, nous devons nous rappeler que c'est uniquement lorsque nous rejetons nos cœurs désobéissants et que nous les transformons en cœurs d'obéissance selon la volonté de Dieu, que nous pouvons recevoir les désirs de nos cœurs.

3. Naaman a obéi à la Parole du Prophète

Selon les instructions d'Elisée, Naaman est descendu vers la rivière Jourdain et s'est lavé lui-même. Il y avait beaucoup d'autres rivières qui étaient plus larges et plus propres que le Jourdain, mais l'instruction d'Elisée d'aller vers le Jourdain avait une signification spirituelle. La rivière Jourdain symbolise le salut, tandis que l'eau symbolise la Parole de Dieu qui lave le péché des gens et leur permet d'atteindre le salut. (Jean 4 :14). C'est pourquoi Elisée a voulu que Naaman se lave lui-même dans la rivière Jourdain qui le conduit au salut. Peu importe comment les autres rivières peuvent être plus larges et plus propres, elles ne conduisent pas les hommes vers le salut, et n'ont rien à voir avec Dieu, et donc, dans ces eaux, l'œuvre de Dieu ne peut pas être manifestée.

Comme Jésus nous le dit dans Jean 3 :5, *« personne, s'il ne naît d'eau et d'esprit ne peut entrer dans le royaume des cieux, »* en se lavant lui-même dans la rivière Jourdain, un chemin a été ouvert pour Naaman pour recevoir le pardon de ses péchés et le salut, et rencontrer le Dieu vivant.

Pourquoi donc a-t-on demandé à Naaman de se laver sept fois ? Le chiffre « 7 » est un nombre complet qui symbolise la perfection. En instruisant Naaman de se laver sept fois, Elisée disait au général de recevoir le pardon pour ses péchés et de se plonger entièrement dans la

Parole de Dieu. Alors seulement, Dieu pour lequel tout est possible manifeste l'œuvre de guérison et guérit une maladie incurable.

Pour cela, nous apprenons que Naaman a reçu la guérison de sa lèpre contre laquelle aucun médicament ni la puissance humaine n'étaient efficaces, parce qu'il a obéi à la parole du prophète. Les Ecritures nous disent clairement, *Car la Parole de Dieu est vivante et efficace, plus tranchante qu'une épée quelconque à double tranchant, pénétrante jusqu'à partager âme et esprit, jointures et moelles ; elle juge les sentiments et les pensées du cœur. Nulle créature n'est cachée devant Lui, mais tout est nu et découvert aux yeux de celui à qui nous devons rendre compte »* (Hébreux 4 :12-13).

Naaman est venu devant Dieu pour lequel rien n'est impossible, a chassé ses propres pensées, s'est repenti et a obéi à Sa volonté. Comme Naaman s'est plongé sept fois dans la rivière Jourdain, Dieu a vu sa foi, l'a guéri de sa lèpre, et la chair de Naaman a été restaurée et est devenue claire comme celle d'un jeune enfant.

En nous montrant une preuve évidente qui atteste que la guérison de la lèpre n'est possible que par Sa puissance, Dieu nous dit que toute maladie incurable peut être guérie lorsque nous Lui sommes agréables avec notre foi accompagnée d'œuvres.

Naaman Donne Gloire à Dieu

Après que Naaman fut guéri de sa lèpre il revint vers Elisée et confessa « Voici, je reconnais qu'il n'y a point de Dieu sur toute la terre, si ce n'est en Israël...ton serviteur ne veut plus offrir à d'autres dieux, ni holocauste ni sacrifice, il n'en offrira qu'à l'Eternel », et il rendit gloire à Dieu.

Dans Luc 17 :11-19 il y a une scène dans laquelle dix personnes rencontrent Jésus et sont guéries de la lèpre. Cependant, une seule revint vers Jésus, louant Dieu à voix haute, et il se jeta aux pieds de Jésus et le remercia. Jésus demanda alors à l'homme « Les dix n'ont-ils pas été guéris ? Où sont les neuf autres ? N'y a-t-il personne pour revenir rendre grâce à Dieu si ce n'est cet étranger ? » Il dit alors à l'homme, « Lève-toi et va ; ta foi t'a guéri. » Si nous recevons la guérison par la puissance de Dieu, nous ne devons pas seulement donner gloire à Dieu, accepter Jésus Christ et recevoir le salut, mais aussi vivre selon la Parole de Dieu.

Naaman avait le type de foi et les œuvres par lesquels il pouvait être guéri de sa lèpre, une maladie incurable de son temps. Il avait une bonne conscience pour croire les paroles d'une jeune servante qui avait été amenée captive. Il avait ce type de foi par laquelle il a préparé un don précieux de visiter un prophète. Il a montré un acte d'obéissance même si les instructions d'Elisée n'étaient pas en accord avec ses propres pensées.

Naaman, un Gentil avait un temps souffert d'une maladie incurable, mais au travers de sa maladie, il a rencontré le Dieu vivant et a expérimenté l'œuvre de la guérison. Quiconque se présente devant le Dieu tout puissant et montre sa foi et ses œuvres recevra les réponses à tous ses problèmes, aussi difficiles soient-ils.

Puissiez vous posséder la foi précieuse, montrer cette foi avec des œuvres, recevoir les réponses à tous les problèmes de votre vie, et devenir un saint béni donnant gloire à Dieu, au nom du Seigneur, je prie.

Autres livres intéressants du même auteur

***Le Ciel I** : un endroit aussi clair que le cristal*
***Le Ciel II** : Rempli de la Gloire de Dieu*

Une esquisse détaillée de l'environnement merveilleux dont jouissent les citoyens célestes au milieu de la gloire de Dieu.

Le Message de la Croix

Un puissant message de réveil pour tous les gens qui sont spirituellement endormis. Dans ce livre, vous trouverez la raison pour laquelle Jésus est le seul Sauveur et le véritable amour de Dieu

Enfer

Un message sérieux de Dieu pour toute l'humanité, qui ne veut même pas qu'une seule âme tombe dans les profondeurs de l'enfer ! Vous aller découvrir le rapport jamais révélé auparavant de la cruelle réalité de l'Hadès et de l'enfer

Goûter à la vie éternelle avant la mort

Un mémoire de témoignage du Révérend Dr. Jaerock Lee, qui a été né de nouveau et sauvé de la vallée de l'ombre de la mort et a vécu une vie chrétienne exemplaire.

La Mesure de Foi

Quel type de demeure céleste et quelles sortes de couronnes et de récompenses sont préparées au ciel ? Ce livre pourvoit avec sagesse et vous guide pour mesurer votre foi et pour cultiver la foi la meilleure et la plus mure.

www.urimbooks.com

www.ingramcontent.com/pod-product-compliance
Lightning Source LLC
LaVergne TN
LVHW041611070526
838199LV00052B/3092